—— 科普基石丛书 ——

法老的船队

FALAO DE CHUANDUI

《科普基石丛书》编委会　编著

四川科学技术出版社

·成都·

图书在版编目（CIP）数据

法老的船队 / 《科普基石丛书》编委会编著. -- 成都：四川科学技术出版社，2017.6(2025.1重印)

（科普基石丛书）

ISBN 978-7-5364-8652-2

Ⅰ. ①法… Ⅱ. ①科… Ⅲ. ①考古学－埃及－普及读物 Ⅳ. ①K884.11-49

中国版本图书馆CIP数据核字(2017)第110873号

科普基石丛书·法老的船队

编 著 者	《科普基石丛书》编委会
出 品 人	程佳月
选题策划	程佳月　肖　伊
责任编辑	王　娇
营销策划	程东宇　李　卫
封面设计	墨创文化
责任出版	欧晓春
出版发行	四川科学技术出版社
	成都市锦江区三色路238号　邮政编码 610023
	官方微博 http://weibo.com/sckjcbs
	官方微信公众号 sckjcbs
	传真 028-86361756
成品尺寸	170mm × 240mm
印　　张	8
字　　数	150千
印　　刷	天津旭丰源印刷有限公司
版　　次	2018年1月第1版
印　　次	2025年1月第3次印刷
定　　价	38.00元

ISBN 978-7-5364-8652-2

目 录 contents

>>>001 | 银色法老 ....
YINSE FALAO

>>>009 | 揭秘埃及艳后 ....
JIEMI AIJI YANHOU

>>>023 | 法老的船队（上篇）.....................
FALAO DE CHUANDUI

>>>030 | 法老的船队（下篇）.....................
FALAO DE CHUANDUI

>>>035 | DNA破解图坦卡蒙身世之谜 ....
DNA POJIE TUTANKAMENG SHENSHI ZHI MI

>>>039 | 大金字塔之谜 ....
DAJINZITA ZHI MI

>>>054 | 揭秘诅咒 ....
　　　　JIEMI ZUZHOU

>>>061 | 制造一具现代木乃伊 ....
　　　　ZHIZAO YIJU XIANDAI MUNAIYI

>>>081 | 揭秘死亡面具 ....
　　　　JIEMI SIWANG MIANJU

>>>089 | 破解500年前谜案 ....
　　　　POJIE 500NIANQIAN MI 'AN

>>>100 | 泥炭人新探 ....
　　　　——来自北欧泥炭沼泽的真实故事
　　　　NITANREN XINTAN——LAIZI BEIOU NITAN ZHAOZE DE ZHENSHI GUSHI

>>>114 | "死亡冷笑"与下毒 ....
　　　　"SIWANGLENGXIAO" YU XIADU

YINSE FALAO

银色法老

　　过去5 000多年来，盗墓贼几乎把古埃及法老墓洗劫一空，只有很少的例外，下文中将要提到的就是这样一个例外，而且在这座墓里发现的银棺完全能匹敌少年法老图坦卡蒙陵墓中的一切珍宝。那么，躺在银棺里的这位法老究竟是谁呢？他的墓葬又是怎样被发现的呢？

战火中的发掘

1940年2月，希特勒对欧洲发动闪电攻击，并很快将这场战争演变为一场世界性浩劫。而此时，在远离战场的埃及，在尼罗河附近的一处考古挖掘现场，由皮埃尔·蒙德特教授领导的法国考古队已经工作了超过十年。他们准备加紧完成工作后就离开。

埃及的大金字塔是由胡夫法老（即国王）在埃及第4王朝时期兴建的。那些埃及历史上最显赫的法老，如图坦卡蒙和拉美西斯大帝等，都在比这晚1 000多年后的第18、19王朝时期主政；而充满传奇色彩的埃及艳后克娄帕特拉法老，她的在位时期更是在另一个1 000年后。考古学家相信前后总共有至少170位法老统治过埃及，但其中70位法老的陵墓迄今仍未被发现。他们可能躺在尼罗河旁的古埃及王室墓地——帝王谷中。帝王谷位于古城底比斯（今天的卢克索附近）。

对于埃及学家来说，填补古埃及这段动荡历史的空白异常困难。在历时500年、今天所称的"中间期"当中，古埃及统治者们争权夺利，导致经济下滑，内战频仍，国家南北分裂，更面临外敌入侵，忙于奔命的人们没有留下纪念碑、铭文和雕像。古埃及内部的不和谐给今天的考古学家造成了难题。缺乏考古证据，意味着这一时期仍有许多谜题待解。

为了破解古埃及的奥秘，从1928年开始，蒙德特就在位于尼罗河三角洲的埃及古城——塔尼斯遗址从事发掘。虽然其他考古学家已在此搜寻过，但他坚信沙尘中还埋藏着重要线索。功夫不负有心人，他在这里发现了一座巨大的庙宇，铭文显示它是人们献给埃及最高神明阿蒙的。

欧洲的战火让蒙德特心神不宁，可他还在继续最后的工作。他相信，在这个由一面巨大的泥砖墙保护的庙宇区里，一定有陵墓等待挖掘。

发现苏森尼斯陵墓

在整个庙宇区几乎被搜遍之际，考古队员在庙宇区的西南角发现了一座大庙的房顶。蒙德特意识到一个重大发现即将来临。他进入其中，发现了一系列墓室。这是一座年代被测定在公元前850年前后的王室墓，铭文说此墓属于第22王朝时期的奥索克尔二世法老，他的一些亲戚也葬在这里。这算得上是一个重要发现，但令蒙德特担忧的事情也很快出现：房顶有一个大洞，说明盗墓贼已捷足先登，这是一座被盗过的陵墓。蒙德特深知，过去5 000多年来，盗墓贼几乎把古埃及法老墓洗劫一空，

苏森尼斯陵墓从外表看不算起眼

要想找到一座未经盗掘的法老墓非常之难，在他之前的考古学家都没能取得这样的发现。不过，仿佛是鬼使神差，蒙德特没有下令停止搜索，而是让队员们继续发掘。他们只向前挖了10米左右，就奇迹般地发现了第二座墓葬。

这座墓看起来完好无损。难道比考古学家还精明的盗墓贼忽略了它？蒙德特带着狐疑进入了墓室。烛光下，他被惊呆了：他看见了一个王室人物的名字——苏森尼斯，翻译出来是"星星正在城中升起，他是阿蒙神的至爱"；他还看见了其他一些王室人物的名字，例如"由阿蒙神选定的伟大的雷现身了"。

毫无疑问，这是一座完整的法老陵墓，陵墓的主人是苏森尼斯一世。蒙德特对苏森尼斯法老几乎一无所知。这位法老生活在古埃及动荡不定的中间期的初期，于塔尼斯统治着埃及北方。考古学家知道，当时埃及真正的权力和财富中心在南方的底比斯，从底比斯发掘出来的纪念碑和财宝让考古学家对其统治者多有了解。那北方的法老呢？他们是没有权力的小军阀，还是可以载入史册的重要法老？

他们进入墓室前发现，墓室门被一块巨大的花岗石紧压着，队员们憋足劲，花了6天时间才打碎墓门。进入

蒙德特教授当年检验苏森尼斯的石棺

墓中的那一刻令蒙德特感觉自己梦想成真了——里面的珍宝比《一千零一夜》里说的还要多，有宝石，有稀有金属，还有很多天青石。天青石在当时必须从5 000千米外的阿富汗进口，可谓价值连城，而在这座墓里发现的天青石比图坦卡蒙的墓中还多。

正如典型的法老墓那样，墓室中有一座巨大的花岗岩石棺，几乎占满整个墓室。石棺表面刻满象形文字。石棺里面还有一具石棺，上面也有大量雕刻。蒙德特和队员们小心翼翼地撬开棺盖，移出里面的真正的法老棺材。出人意料的是，这具人形棺材不是用金而是用银打造的，而此前的埃及考古从未发现过银棺。不过，木乃伊的面具是金质的。

很明显，这座陵墓的主人不是地区性的军阀，而是有着巨大财富和权力的人。那么他究竟是怎样的一位法老呢？墓中所有器物上都刻着苏森尼斯一世的椭圆形象形文名字，此外还有星星，代表苏森尼斯从塔尼斯升起。

蒙德特需要几个月来仔细检查这些令人讶异的陪葬品，但他没有这么多的时间了，希特勒的军队已经到达法国边境，几周后就会入侵，而他的妻子和孩子此时还在那里。蒙德特只好停止工作，回到法国。

五年后，

蒙德特重返埃及，将这些财宝送至开罗的博物馆地窖中保存。这是考古发现史上最重要的时刻之一，却并没有掀起波澜——战火纷飞，谁会在意埃及的考古发现呢？正因为这个原因，就算在今天，知道这个重要发现的人也不多。

检验苏森尼斯木乃伊残骸

1922年，图坦卡蒙的陵墓重见天日，成为世界头条新闻。当时主持检验图坦卡蒙木乃伊的是开罗大学的解剖学教授德里。1940年，德里又受邀检验不那么有名的苏森尼斯木乃伊的残骸。苏森尼斯的木乃伊最终只剩下一些残骸并不奇怪，因为它被葬在尼罗河三角洲非常潮湿的环境中。研究这样的残骸十分困难，但德里的检查也过于粗略——他虽然看出苏森尼斯去世时已年迈，但忽略了其他证据。

在德里的检查完成后，这些骨骸被重新"葬"在了开罗大学的档案里，此后70年中再也没有人研究过。直到2010年，德里的继任者加巴拉教授重开这项调查。

加巴拉从德里的旧式烟盒里小心翼翼地取出苏森尼斯的较小的骨头。牙齿上的磨痕证实

了德里的判断：苏森尼斯死时已年迈，可能已满80岁，而当时埃及人的平均寿命还不到35岁。但惊人的新信息浮现于加巴拉的检验。苏森尼斯的骨骸揭示了这位法老的大量信息：身高1.6米多一点，体格健壮，但下脊骨有慢性病，备受关节炎折磨。对第七颈椎的检查显示：这根椎骨曾经断裂，后愈合。

苏森尼斯的椎骨骨折原因迄今仍不明朗，但铲子形骨折表明这位法老很爱活动上肢。之前的研究显示其他一些法老也很喜欢运动，例如图坦卡蒙酷爱打猎，有可能还在一次打猎事故中摔断了腿；图特摩斯三世不仅是埃及最伟大的戎装国王之一，而且精通园艺，他把在国外征战时发现的珍奇植物带回埃及，种在王室花园里。那么，苏森尼斯在塔尼斯究竟忙些什么呢？对这个问题，考古学家可能会争论很久。

对苏森尼斯骨骸进行的首次详细检查，对于了解他的生涯提供了重要的新线索，也让法医人类学家得以推测他的模样：他有着大大的脑袋，躯干却相对较短；牙齿掉了不少，但嘴角仍显示出坚毅；牙龈脓肿也很严重，以至于口腔顶部出现大洞；背部疾病让他在晚年备受折磨。科学家推测，苏森尼

苏森尼斯木乃伊的金面具

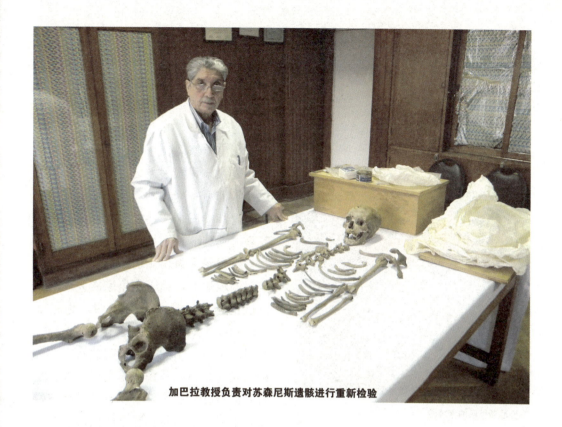
加巴拉教授负责对苏森尼斯遗骸进行重新检验

斯可能死于心脏病之类的疾病。

银色法老的故事

苏森尼斯的强壮体格和长寿，对他的长期统治显然是有作用的。他在位46年，可以说是相当长的时间，这让他成为埃及历史上在位时间最长的法老之一。在苏森尼斯在位时期，即公元前1000年左右，像他这样的法老和南方的法老分庭抗礼，导致局势十分动荡。动荡实际上始于公元前1200年，当时埃及在拉美西斯二世（即拉美西斯大帝）统治下进入巅峰时期。拉美西斯二世不仅有多达100个儿女，而且是古埃及最伟大的建筑师。他在尼罗河三角洲大兴土木，建造了一座新都城——派拉姆西

城，意为"拉美西斯宅邸"。但他没有料到的是，这给后世留下了祸根。

在拉美西斯二世建造新都城之前，埃及仅有两个权力中心——底比斯和孟菲斯，而新都城的建立打破了平衡，给法老们制造了权力争斗的机会。麻烦始于底比斯。唯一有能力挑战法老的人，是负责掌管卡纳克神庙的大祭司。大祭司担负着维持法老去世后世人对法老的膜拜的重任，他们因此获得丰厚报偿。法老会留一片地产给寺庙。为了取悦祭师们，法老还会授权他们钓鱼、抓鸟、打猎、开矿，甚至沿着尼罗河做生意。祭司得以积聚大量财富，并最终变得野心勃勃，开始争权夺位。在苏森尼斯登基前不久，这种权力争夺已经公开化。例如，浮雕上的大祭司们与法老几乎比

苏森尼斯的复原像

苏森尼斯所戴的金项圈

肩，而依照惯例，浮雕上的其他任何人都不可高于法老，哪怕和法老一样高也不行。

祭司夺权导致埃及被一分为二，进入长达500年的混乱时期。大祭司夺取南方后，法老被发配到了北方三角洲。那么，苏森尼斯是怎样把他小小的北方领地变成一片富饶疆域的呢？考古学家重新调查他的墓中物品，以寻找线索。在一只看似并不重要的小小银盘上，除了考古学家熟悉的法老象征，例如星星和鸟的图案外，还有长长的一串其他的象征图案。银盘上的铭文写着："生命赋予完美之神、两手之主、阿蒙的大祭司、众神之王、阿蒙的最爱苏森尼斯。"可见，苏森尼斯不仅是个法老，还是个大祭司。

苏森尼斯之谜由此得以揭示：法老从征税中聚敛财富，而大祭司和法老的混合家族更加富有，因为大祭司能够从寺庙渔利。那么，苏森尼斯是如何得到强权的呢？

在南方祭司反叛时期，苏森尼斯的父亲是大祭司派因杰姆，此人在公元前1070年前后主持卡纳克神庙。他有四个儿子，其中三个在他之后接任大祭司，苏森尼斯则前往塔尼斯变成法老，并在北方被授予大祭司头衔。苏森尼斯是个精明的政治家，惯于利用家族关系巩固自己的地位。历史记录表明，他把女儿送到底比斯，嫁给继任卡纳克神庙大祭司的哥哥，由此巩固了南北双方的关系。通过亲属关系搞战略结盟，苏森尼斯家族最终掌控了整个埃及。派因杰姆及其王后的木乃伊都葬于底比斯，在干燥的沙漠气候下保存了下来。

苏森尼斯的石棺还给出了更多的证据。考古学家在石棺上苏森尼斯名字的旁边，发现了第19王朝法老莫尼普塔的椭圆形象形文字姓名。后者是拉美西斯大帝的儿子，在苏森尼斯上台前大约150年葬于底比斯。他的墓后来被人打开，石棺被送至塔尼斯，作为家族礼物送给了苏森尼斯。石棺的这趟旅途堪称遥远而又艰难，它从帝王谷跨越沙漠，在尼罗河畔上船转运至北方，最后才来到尼罗河三角洲。

利用莫尼普塔的石棺，苏森尼斯把自己与拉美西斯大帝扯到了一起，他还把自己的名字加到石棺上的先人名字旁边，以彰显其家族有资格与历史伟人平起平坐。

苏森尼斯的石棺及其铭文为现代人了解这位神秘法老提供了大量信息

以上证据足以证明苏森尼斯家族当初有多么强大。那么，苏森尼斯是怎样行使王权的呢？

苏森尼斯的惊人伟绩

拉美西斯二世的传奇都市——派拉姆西城的确切位置，是世界考古的最大奥秘之一。这座拥有25万人口的城市是古代世界的最大都会之一，如今它却消失于漫漫黄沙之中。很长一段时间里，考古学家致力于寻找派拉姆西城。20世纪30年代，在发现苏森尼斯的陵墓之前，蒙德特在塔尼斯发现了一系列古代遗迹，当时他就产生了一种惊人的想法：他是不是找到了派拉姆西城？

对此，蒙德特几乎确信不疑。他记录说，塔尼斯和派拉姆西城是同一个地方，理由是他在塔尼斯发现的大量石块和雕像上都有拉美西斯二世的名字。从表面看，他的理论站得住脚，因为塔尼斯是一座河滨城市，而古代记录也显示派拉姆西城位于尼罗河边。然而，他犯了一个重要错误：在埃及三角洲，尼罗河并非留在原处不动，而是有诸多分支。随着一片流域被淤泥堵塞，另一片被洪水淹没，河流也会随之改道。

20世纪70年代，考古学家开始质疑蒙德特的这一发现。他们聚焦于距离塔尼斯大约20千米的一处小型定居点，发现了一个早已消失的尼罗河分支，并在那里出土了大量埃及新王朝时期的陶片。之后，他们又借助穿地雷达探查这片区域，结果发现了一座大城市的根基。在雷达图像上，这座位于河边的拉美西斯之城清晰可见，包括它的庙宇和军事设施。考古学家还发现了拉美西斯二世的马厩，他们甚至还发现了马在奔跑中留下的蹄印。巨大的马厩里当初一定有数百匹马。

今天，宏大的建筑早已消失得无影无踪，地面上丝毫不见这座城市的痕迹。据史料记载，由于河流改道，派拉姆西城所在地变得非常干燥，生命无法在此延续。公元前1047年前后，苏森尼斯下令将那些巨型丰碑拆迁到塔尼斯。一块石头一块石头地搬迁一座首府——这是多么浩大的一项工程啊！如果没有雷达成像，苏森尼斯的这一惊人伟绩恐怕永远都不能浮现出来。蒙德特的确发现了派拉姆西城，但这座城市是被苏森尼斯一块一块地从原址搬到那儿去的。

由拉美西斯二世建造的传奇城市——派拉姆西城（模型效果图）

金是神灵的皮肤，银则是骨头

集法老和大祭司于一身，权力和财富以及长久的统治让苏森尼斯死后也要风风光光。那他为什么要选择银棺——用90千克纯银打造的棺材呢？对古埃及人来说，黄金不会生锈，象征永恒，正如神灵的不朽，因此黄金被认为是神灵的皮肤；而银则因其苍白，被认为是神灵的骨头。古埃及有丰饶的黄金储量，银储量却十分稀少。在王朝时期的初期，银被认为更珍贵。但到了苏森尼斯时期，埃及发展出了对外贸易路线。到公元前1000年，市场上的银供过于求，价值跌至黄金的一半左右。不过，与黄金相比，银是一种更难打造的材料，银的加工工艺，难度甚于黄金。

苏森尼斯显然需要品质超卓、工艺高超的物品来伴随他进入"阴间"。其银棺的躯体部位是由薄薄的银片制成的，头部则厚得多。鼻子和嘴巴周围的痕迹暗示，银棺是先在模子里铸造，然后打磨成型的。这个过程需耗时数百小时。今天，这副银棺是埃及博物馆里最重要的藏品之一，也是蒙德特的惊人发现的象征物。他虽然在"第二次世界大战"后又有一些新发现，但都没有发现银色法老这么炫目。蒙德特于1966年去世，至死都坚信塔尼斯就是派拉姆西城。

苏森尼斯从未享有过拉美西斯或图坦卡蒙那样的盛名，但他仍然如一颗璀璨之星冉冉升起。考古学家至今仍在继续蒙德特的工作，以揭示埃及历史上最动荡时期的秘密。

（刘安立）

揭秘埃及艳后

2012年4月底，考古学家宣布，埃及艳后克娄帕特拉和她丈夫安东尼所生的一对孪生子女的雕像被重新发现。这个看似不算大的消息，却照样引起了不小的关注。事实上，任何有关这位传奇女法老的发现都会激起公众的兴趣。那么，克娄帕特拉究竟是什么样的人？她的魅力为什么能经久不衰？

艳后秘史
她的一生充满传奇

被称为"埃及艳后"的克娄帕特拉是古埃及最后一位法老（国王）。克娄帕特拉的全称是克娄帕特拉七世非路帕德，她生于公元前69年末，卒于公元前30年8月12日，其父是托勒密十二世奥雷特斯亚（托勒密家族在亚历山大大帝死后统治埃及），其母身份不明，但一般被认为是克娄帕特拉五世土非拿氏（托勒密十二世的妹妹或表妹兼妻子），也可能是托勒密十世与贝蕾妮斯三世非路帕德之女。

公元前51年3月，托勒密十二世去世，根据他的遗嘱，18岁的克娄帕特拉和她10岁的弟弟托勒密十三世接替王位，共同执政，而且克娄帕特拉和她的这个亲弟弟依照当时的法律还结成了夫妇。公元前51年8月，因派系斗争和权力争夺，克娄帕特拉和托勒密十三世关系失和，克娄帕特拉下令将托勒密十三世的名字从官方文件中抹去，并规定在硬币上只能有她一个人的面孔。克娄帕特拉此举无疑违背了托勒密王朝女性君主从属于男性君主的传统，她因此被宦官集团推翻。托勒密十三世独揽大权，克娄帕特拉被迫流亡。

克娄帕特拉流亡之时正值罗马内战时期。罗马内战是公元前1世纪40年代至公元前1世纪30年代，罗马奴隶制国家内部为争夺政权和建立军事独裁而进行的一场战争，战争的发动者是罗马晚期共和国时期著名的"前三头"（恺撒、克拉苏斯和庞培）和"后三头"（屋大维、安东尼和雷必达）。罗马内战的结果是屋大维获胜并当上罗马帝国第一个皇帝。

公元前48年秋季，卷入内战的庞培为躲避恺撒军队的追击逃至亚历山大城（当时的埃及皇城），当时年仅13岁的托勒密十三世很可能为取悦恺撒而下令将庞培处死。当两天后恺撒到达埃及时，托勒密十三世向他献上了庞培的头颅，孰料恺撒勃然大怒——庞培虽然是

伊丽莎白·泰勒扮演的克娄帕特拉

恺撒的政治敌人，但也是罗马的执政官之一，而且还是恺撒仅有的一个合法女儿茱莉亚的丈夫。于是，恺撒占领了亚历山大城，并下令说，由他仲裁托勒密十三世和克娄帕特拉之间的纷争。

利用恺撒对托勒密十三世的愤怒，克娄帕特拉设法将自己偷运进皇宫与恺撒会晤。希腊历史学家普鲁塔克在其《恺撒的一生》一书中生动地描述：克娄帕特拉被卷在一张地毯中躲过了托勒密十三世的卫队。地毯打开，恺撒见到了头发蓬乱、凄惨兮兮却楚楚动人的克娄帕特拉，顿时又怜又爱。就这样，克娄帕特拉很快就成为恺撒的情人。那时，克娄帕特拉21岁，恺撒52岁，而且已婚。公元前47年，在与恺撒首次见面9个月后，克娄帕特拉为他生下儿子托勒密·恺撒，昵称小恺撒。不久，恺撒的

军队击败了托勒密十三世的军队，托勒密十三世溺毙于尼罗河。恺撒恢复了克娄帕特拉的王位，让她与另一个弟弟托勒密十四世共同执政。

公元前46年夏天，克娄帕特拉、托勒密十四世和小恺撒造访罗马。在罗马，克娄帕特拉备受殊荣，恺撒甚至在其祖先神庙里为克娄帕特拉建造了一座雕像。不过，在罗马人眼中，克娄帕特拉与恺撒之间很张扬的关系却是一大丑闻。

公元前44年3月15日，恺撒在罗马遇刺身亡，克娄帕特拉黯然离开罗马返回埃及。不久，托勒密十四世去世（据说是被克娄帕特拉毒死的），克娄帕特拉让小恺撒和她联合执政，并指定他为继承人。

公元前41年，在恺撒死后的权力真

左图：克娄帕特拉塑像
右图：克娄帕特拉与恺撒（19世纪绘画）

克娄帕特拉及其儿子小恺撒（埃及丹德拉神庙壁刻）

空中统治罗马的安东尼派人前往埃及，召克娄帕特拉到塔尔苏斯（土耳其南部城市）与他会晤。克娄帕特拉盛装抵达，她的魅力使得安东尼把从公元前41年冬到公元前40年这段时间都花在了亚历山大城。

公元前40年12月25日，克娄帕特拉为安东尼产下双胞胎——儿子亚历山大·赫利俄斯和女儿克娄帕特拉·赛琳娜。四年后，安东尼再度造访亚历山大城，此后亚历山大城便成为他的家，他甚至按照埃及礼仪和克娄帕特拉结了婚，尽管当时他依然是屋大维的姐夫。他和克娄帕特拉又生了个儿子——托勒密·菲拉德菲斯。

公元前34年，在安东尼征服亚美尼亚后，克娄帕特拉和小恺撒获得了很大的权力。

公元前33年，安东尼与屋大维的关系在分裂多年后终于彻底崩溃，屋大维说服罗马参议院对埃及开战。公元前31年，安东尼率领军队在亚克兴海岸附近与罗马军队展开殊死搏斗，克娄帕特拉率自己的舰队在场。流行的传言说，当她看见安东尼的舰船不敌罗马战舰后，就很快逃走了，安东尼则弃战追她。不过，没有任何证据支持这种说法。亚克兴之战后，屋大维入侵埃及。公元前30年8月1日，屋大维到达亚历山大城，安东尼的军队向他投诚。

在安东尼和克娄帕特拉去世大约130年后，普鲁塔克记述了两人之死：安东尼在被其军队背弃后，大喊克娄帕特拉背叛了他。克娄帕特拉因害怕安东尼发怒而把自己锁在宫中，只留两名贴心侍女在身边。她让人传话给安东尼说她已死。听信此言的安东尼用剑切腹求死未成。后来，克娄帕特拉又派人传话让安东尼去见她。安东尼听说爱侣未死非常高兴，立即随之前往。他到达后，克娄帕特拉不愿开门，而是从窗户扔下绳子。安东尼被绑好后，她和宫女合力把他拉进了房间。这差点要了安东尼的命。几个人把安东尼放到床上，克娄帕特拉撕下自己的衣服给他盖上，然后情绪失控，开始大喊大叫并自虐。安东尼要她平静下来，并请求她拿杯酒给他。喝完酒后，他就死了。

对于克娄帕特拉之死，普鲁塔克是这样描述的：克娄帕特拉在死前一天被囚禁在她自己的陵墓里，屋大维派人严加看守以防止她自杀，因为他要在胜

克娄帕特拉与安东尼（1865年绘画）

利仪式上将她示众，但克娄帕特拉仍然自杀成功。当她的尸体被发现时，她的一名宫女在她身旁即将死去，另一名宫女在整理自己的帽冠时也倒地身亡。普鲁塔克记述说，一条小蛇被装在藤条篮子里由一名乡下人偷偷带给了克娄帕特拉。发现蛇在咬藤条后，她伸出手臂让它咬。另有说法称，蛇是被放在花瓶里带去的，克娄帕特拉用纺锤刺激它，直到它发怒咬她的臂膀。

胜利的罗马人刻意损毁了一切有克娄帕特拉肖像的东西，杀死了她的儿子小恺撒，改写了她在位期间的编年史和传记，她和安东尼所生的两个儿子也从历史中消失，而她的墓葬至今未被确认。

还原艳后
有关她的五大奥秘

克娄帕特拉无疑是一位充满传奇色彩的女法老，在各种野史、传说和文学作品中总能见到这位埃及艳后的影子：她凭借自己的美丽，不但暂时保全了一个王朝，而且让强大的罗马帝国统治者纷纷拜倒在她的石榴裙下，心甘情愿地为她效劳卖命。不过，相关的考古资料却少之又少，直到近年来，随着一些考古证据的出现，一个更真实的埃及艳后被还原出来（尽管依然很不完整）。

毒蛇咬死克娄帕特拉（1630年绘画）

相貌之谜

受史料影响，人们大都认为克娄帕特拉貌美如花。罗马执政官兼著名史学家卡修斯·迪奥（公元150—235年）这样描述克娄帕特拉："当时的她美貌过人，正值青春，最能打动人；她的嗓音也极富魅力，而且她懂得怎样让自己吸引人。相貌出众再加上声音好听，还有征服任何人的力量，哪怕是对已过壮年期、对爱已经腻味的男子。她认为面

见恺撒与自己的角色符合，她希望用美貌赢得王位。"公元14世纪的英语文学之父乔叟写道：克娄帕特拉"美如五月玫瑰"。莎士比亚在1608年为克娄帕特拉写的剧本中说得更直白："年龄衰败不了她，传统玷污不了她永恒的独特；其他妇女都饱了腻了，而她对欲望的追求却永无止境。"当然，对于克娄帕特拉的容貌也有不同的看法。普鲁塔克在《安东尼的一生》中就说：克娄帕特拉的相貌本身并非无与伦比，也不是人人见到她都会有惊艳的感觉，使得她如此吸引人的终极因素其实是她的智慧、魅力和甜美嗓音。

那么，这位传奇女法老的容貌究竟如何？2007年2月，一枚印有克娄帕特拉肖像的银币在英国展出，再度引发了对这个问题的争论。在这枚硬币的正面，克娄帕特拉看上去相貌平平甚至可以说有点丑陋——额头浅，鼻子大，嘴皮薄，颧骨凸，下巴尖，身高可能仅1.5米多一点，体形应该算得上过于丰满，与1963年拍摄的好莱坞史诗巨片《克娄帕特拉》中伊丽莎白·泰勒饰演的埃及艳后形象不可同日而语。而硬币背面的安

左图：硬币上的克娄帕特拉
中图、右图：伊丽莎白·泰勒
扮演的克娄帕特拉

东尼则是鼓眼、钩鼻、粗颈，和该片中由大帅哥理查德·伯顿饰演的安东尼也大相径庭，与克娄帕特拉的像倒是绝配。

据考证，这枚硬币是由安东尼的铸币厂铸造的，上面的图案应该是由熟悉安东尼和克娄帕特拉的人设计的。在印有安东尼头像的一面上，有"致安东尼，亚美尼亚已被征服"字样，而在克娄帕特拉那面则写着"致克娄帕特拉，王后及王子的母亲"。

珍珠之谜

罗马历史学家普林尼在其著作《自然历史》中这样记载："整个历史上有两颗最大的珍珠，它们都被埃及最后一位女王克娄帕特拉拥有，她从东方的国王们手中得到它们……有一次（大约在公元前33年），克娄帕特拉和安东尼打赌说，她一顿晚饭能吃掉1 000万塞斯特斯（古罗马货币单位）。安东尼笑着接受了这个赌局，但将信将疑。第二天晚宴时，仆从们按照克娄帕特拉的吩咐，只在她面前放了一杯醋，是那种能够溶解珍珠的烈醋。安东尼很好奇，想知道她究竟要干什么。当时在克娄帕特拉的耳朵上戴着两颗大珍珠，十分耀眼。只见她取下其中一颗投进醋中，待溶解后把醋一饮而尽……在她被抓后，耳朵上的另一颗大珍珠被人取走，割成两半，贴到了罗马万神殿的维纳斯神的两只耳朵上。"

克娄帕特拉在宴会上取下耳坠珍珠与安东尼打赌（1675年绘画）

珍珠

当刺激物被软体动物如珍珠贝或淡水蚌的套膜俘获时，其表面会覆盖与贝壳上一样的珠母贝（也叫珍珠母或珍珠层，是由一些贝类产生的作为壳层的有机-无机物质）。珍珠母分泌物是由霰（音xiàn）石（碳酸钙的一种晶体形式）层和贝壳硬蛋白（把晶体结合在一起的有机蛋白质）层交替而成的。正是同心的透明霰石层反射光线，赋予了珍珠闪亮的彩虹色即珍珠光泽。珍珠成分中85%～90%是碳酸钙，余下的是贝壳硬蛋白和水。珍珠虽然不很硬但很结实，其成分和形状使得它们很难碎裂。要想让珍珠溶解于醋，可能先得将其磨成粉。

公元前2世纪，在东方早被视为珍宝的珍珠在罗马开始流行。普林尼说，庞培在战胜米特拉梯人后把珍珠引入了罗马，他还用珍珠贴了一幅自己的肖像。普林尼对当时的这种时尚进行了批评：在一些妇女的一只耳朵上竟然挂了两三颗珍珠，目的是听它们的碰撞声。他还批评了罗马帝国第三个皇帝卡利古拉的妻子罗丽娜：他在一次聚会上遇见了她，后者的头部、颈部、耳朵、手腕和手指上都戴着珍珠，她还随身带着收据来证明它们价值4 000万塞斯特斯。

据说，恺撒入侵英国的目的之一就是抢夺那里的淡水珍珠。前面说到，公元前46年，恺撒携克娄帕特拉及小恺撒从埃及返回罗马，在其祖先神庙里为克娄帕特拉建造了一座雕像，关于克娄帕特拉的第二颗大珍珠的去向的另一种说法是，贴在了这座雕像上，而被醋溶解的那颗珍珠价值1 000万塞斯特斯。恺撒还把一副全部用英国珍珠制作的胸甲献给了祖先神庙。

普林尼还讲了一个故事：一个人从其父那里继承了2 000万塞斯特斯。有一次，他用醋溶解了一颗很值钱的珍珠，目的仅仅是为了尝尝珍珠的味道。当他发现珍珠"味道好极了"后，每个来宾也都得到一颗珍珠吃。

那么，克娄帕特拉吃珍珠的说法真实吗？2011年，科学家经过实验发现，弱酸溶液的确能溶化主要成分为碳酸钙的珍珠。在醋酸含量为5%的溶液中溶化1克重的珍珠需要24～26小时，埃及醋还要厉害些，如果是古埃及烈醋（在克娄帕特拉时期的埃及很常见）就更厉害了。那么，克娄帕特拉真的能喝下醋与珍珠的调和物吗？这能通过酸碱反应来解释：碳酸钙和醋酸反应生成醋酸钙和二氧化碳以及水，酸被碳酸钙中和，其原理正如抗酸剂。珍珠醋的味道虽不能媲美马爹利酒，但应该不太难喝。

子女之谜

2012年4月底，考古学家宣布，克娄帕特拉和安东尼所生的一对孪生子女——亚历山大·赫利俄斯和克娄帕特拉·赛琳娜的雕像被重新发现。这座10米高的雕像于1918年在尼罗河西岸的丹德拉神庙被发现，但此后一直静静地呆在埃及博物馆中，几乎被人遗忘。雕像背面雕刻着一些星星，暗示这块石头曾经是天花板的一部分。这座雕像上刻凿了两个光着身子的小孩，一男一女，大小相同，站在两圈蛇内。他们各把一条臂膀搭在对方的肩上，另一只手则抓着一条蛇。

在对这座雕像的风格和特征进行详尽分析后，考古学家判定他们分别是亚历山大·赫利俄斯和克娄帕特拉·赛琳娜。考古学家注意到，男孩头上有太阳圆盘，女孩头上有月牙和月亮圆盘，两条蛇（很可能是眼镜蛇）或许是太阳和月亮的不同的象征形式，两个圆盘还装

克娄帕特拉与安东尼所生孪生子女塑像

饰着埃及艺术中常见的象征——霍鲁斯神之眼。尽管两张面孔都保存得不好，但仍能看出男孩的卷发和右边的辫子（这是埃及小孩的典型特征），以及女孩的"甜瓜"发型（这是希腊托勒密王朝尤其是克娄帕特拉家族的典型发式）。

考古学家把这座雕像与另一座托勒密式雕像——丹德拉省长帕克霍姆进行对比后发现，两者的风格很相似，都是圆脸、小下巴、大眼。由于帕克霍姆雕像的年代在公元前50年至公元前30年，考古学家据此认定，这座双胞胎雕像是在托勒密王朝末期，也即安东尼于公元前37年承认自己的这对孪生子之后，由埃及艺术家创作的。

这对双胞胎出生于公元前40年，出生时的名字分别只是简单的"克娄帕特拉"和"亚历山大"。三年后，当他们的父亲安东尼回到安提俄克（古叙利亚首都，现土尔其南部城市）时，他们被父亲正式承认，并分别被命名为"亚历山大·赫利俄斯（太阳）"和"克娄帕特拉·赛琳娜（月亮）"。安东尼承认两个孩子之时可能适逢日蚀或月蚀事件，很可能出于这个原因，再加上要神化自己的孩子，安东尼将天体之名赋予了这对双胞胎。在埃及，月亮神是男性，在希腊则是女性。

在安东尼和克娄帕特拉于公元前30年因战败自杀或他杀身亡后，亚历山大城陷落于屋大维手中。屋大维对埃及人尊克娄帕特拉与恺撒所生的小恺撒为法老深感不快，于是小恺撒很快被处死，屋大维的一名顾问当时说："有太多的

恺撒真是太糟糕。"随着小恺撒殒命，不仅希腊"法老"统治埃及的时代宣告结束，整个埃及的法老时期也走到尽头。

有关赫利俄斯和赛琳娜这两个孩子的信息很少，已知的是，除了小恺撒，克娄帕特拉的其他三个孩子都被赦免，当时赛琳娜和赫利俄斯10岁，托勒密·菲拉德菲斯4岁，他们被带到罗马由屋大维的姐姐（安东尼的合法妻子）照顾。多少年后，赫利俄斯和菲拉德菲斯神秘消失，只有赛琳娜活了下来。她嫁给了毛里塔尼亚（北非古国名，包括今之摩洛哥东北部和阿尔及利亚西部一带）国王朱巴二世，至少生了一个孩子，也叫托勒密·菲路帕德，很可能是为了纪念自己的同名弟弟。她的肖像和朱巴的一起铸造在硬币上，这暗示他们夫妻俩联合执政。

死亡之谜

有关克娄帕特拉的传说有很多，其中最著名的就是她用毒蛇自杀身亡。莎士比亚描绘的克娄帕特拉死亡场景是她把蛇抓到自己胸部，而在莎士比亚之前，人们一般都认为她被毒蛇咬中了手臂。根据事发之时很可能身在亚历山大城的史学家斯特拉博的记述，克娄帕特拉之死有两个版本：一个是克娄帕特拉服用毒药膏而死，另一个是她被一条埃及眼镜蛇（一种较小的蛇，也叫角蝰）咬死。克娄帕特拉死后10年甚至150年中，史学家都记载说她是被两条角蝰咬死的。

2008年，英国曼彻斯特大学女学者乔伊斯·蒂德斯利对克娄帕特拉用毒蛇自杀之说提出了质疑，她认为这种说法的漏洞太多。她指出，希腊历史学家普鲁塔克和罗马历史学家卡修斯·迪奥都记述说，克娄帕特拉让人把一条蛇装在一个藤条篮或一只水罐中偷运进宫或运进她被关押的陵墓。但是，这两名史学家同时也对这类说法表示了怀疑：最可能的蛇是角蝰，但就算角蝰是一种不大的毒蛇，仍然会长到两米长，如果杀死克娄帕特拉及其两名宫女的不是一条角蝰而是三条，要装下它们所需的篮子或水罐势必很大，否则蛇会因为逼仄而躁动，从而引起注意和怀疑。蒂德斯利据此认为，克娄帕特拉及两名宫女应该是服毒自尽的，毒药可能是被偷运进宫的，也可能就藏在克娄帕特拉的别针或其他饰物上。事实上，克娄帕特拉的一个叔叔就是服毒自杀的，自杀则被视为他们家族的一种美德，而克娄帕特拉肯定不愿自己死在屋大维的手中。

蒂德斯利还指出，有研究者根据一

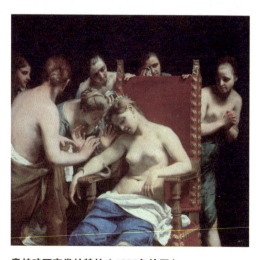

毒蛇咬死克娄帕特拉（1630年绘画）

些考古和历史研究得出结论：屋大维命令手下杀死克娄帕特拉，然后制造了自杀假象。对此，蒂德斯利的看法是，屋大维的确可能想要克娄帕特拉死，但认为他欲把克娄帕特拉的家人斩草除根的说法站不住脚，因为他毕竟赦免了她的三个孩子，还允许她的女儿成家生子。至于毒蛇之说的来历，蒂德斯利认为它源于埃及人对蛇的敬畏。或许克娄帕特拉戴过雕刻着蛇的王冠，而艺术家或史学家对此添油加醋。

否定毒蛇之说还有没有更有力的依据呢？如果克娄帕特拉是服毒自杀的，那么她服的是什么毒药呢？

2010年7月，德国特里尔大学的历史学教授克里斯多夫·舍费尔和毒物学家迪特里奇·梅博斯发表了他们的共同研究结果，认为克娄帕特拉故意让角蝰咬死自己的可能性很小。他们指出，根据卡修斯·迪奥在克娄帕特拉死后大约200年时的记述：她死得平静、没有痛苦。但这与眼镜蛇致死的症状根本不符，蛇毒会让中毒死亡者痛苦不堪，面容变形。对角蝰的研究表明，人被它咬后会出现多种很难受的症状，包括呕吐、腹泻和呼吸衰竭，死亡可能在被咬后45分钟内出现，但也可能时间更长。被咬部位的水肿会让人痛不欲生。最终，遗体看上去很惨。

由于与克娄帕特拉同时同地死亡的还有两名宫女，舍费尔和梅博斯更加质疑克娄帕特拉被蛇咬死的说法。他们说，克娄帕特拉的死亡时间是在公元前30年8月30日，当时埃及气温应该很高，蛇安分地呆着直到咬人的可能性几乎为零。另外，蛇咬的效果难以预测，例如注入的毒量有可能相当低。事实上，现在已知的埃及眼镜蛇的毒液致人死亡的案例相对少见。如此来看，克娄帕特拉会冒这种死不了但又如此难受的风险吗？

为此，舍费尔和梅博斯专门前往亚历山大城。他们从当地的古代医学文献中了解到，有一种混合毒剂不仅易于服用，而且效果很容易预测，是理想的"自杀药"。多本古代纸草书显示埃及人很早就开始了解毒药，其中一本纸草书甚至说克娄帕特拉曾经亲自试验过毒药。根据这些记载，舍费尔和梅博斯相信克娄帕特拉自杀使用的毒剂由鸦片、乌头（其根部可提炼出强心止痛剂）和毒芹混合而成，因为当时的人们已经知道这种"毒鸡尾酒"可让服毒者在几小时内无痛苦死亡。

据那本纸草书记载，克娄帕特拉模仿他人进行过许多次毒物实验。在追寻最平静、最没有痛苦的死亡方式的过程中，她应该观察过许多囚徒的服毒死亡。当时，埃及人在处决一些有身份地位的囚徒时，采用了服毒的方式，以让他们"有尊严"地死去。这些囚徒所服毒药各不相同，但都是多种毒药包括蛇毒的混合物。舍费尔和梅博斯推测，如果克娄帕特拉的确是被眼镜蛇咬死的，那么她应该先服毒，毒药中有大量鸦片作为镇静剂，然后让眼镜蛇咬她，使她在半小时内安详离世。虽然眼镜蛇的毒液会让她的呼吸逐渐变慢直至停止，但在此过程中鸦片会让她感受不到任何痛苦。

埃及眼镜蛇

史料中所说的杀死克娄帕特拉的"角蝰"一词其实并不明确，因为在古埃及"角蝰"一词可指发现于尼罗河地区的多种毒蛇中的任何一种。不过，一些考古学家和生物学家现在倾向于认为，埃及神话中的"角蝰"这个词指的就是现在所说的埃及眼镜蛇。

在整个罗马时代的埃及，角蝰一直是王室象征之一。不仅如此，在埃及和希腊，角蝰毒液都是处决死囚的手段之一。在希腊神话中，主神宙斯之子珀尔修斯在杀死蛇发女怪美杜莎后，用有翅膀的靴子把她的脑袋运到奥林匹斯山上。当他飞越埃及上空时，美杜莎的血滴落到地上，变成了角蝰。

埃及眼镜蛇是非洲眼镜蛇中最大的一种，一般身长1~2米，最长可达3米。它们分布广泛，在大草原、半沙漠地区经常可见，尤其是在水边最常见，有人还看见它们在地中海里游弋。它们有时候会进入家舍，实际上是被鸡和老鼠吸引。与其他眼镜蛇一样，当人接近时，埃及眼镜蛇通常会逃走，至少逃到几米外；但若受到威胁，它们就可能攻击人。它们偏爱的猎物是蟾蜍，但也吃小型哺乳类、鸟、蛋、蜥蜴及其他蛇。与其他一些非洲眼镜蛇不同的是，埃及眼镜蛇不喷毒。

美国史密森学会的国际植物医学权威阿兰·图韦德认为，舍费尔和梅博斯所说的这种毒剂从技术上说是完全可行的，当时埃及人已经知道乌头对消化道的致命效果，因此采用鸦片、乌头和毒芹组合堪称相当聪明，鸦片和毒芹共同促进无痛苦死亡，缓解乌头的作用。不过，图韦德也指出，在克娄帕特拉时代，混合各种毒药的做法并不常见。他

还说，克娄帕特拉从来都是各种传奇和理论的主角之一，时不时地会出现在一些与毒药、美容品和医学有关的论文中。但是，要想破解克娄帕特拉的死亡之谜，恐怕只能等待找到她的遗体，并且运用法医学方法进行检测。

墓葬之谜

克娄帕特拉死后，其墓葬一直未被发现。近几十年来，考古学家开始认真寻找她的墓葬。2009年4月，埃及和多米尼克考古学家宣布，他们可能找到了她和安东尼的安息地。

埃及和多米尼克两国考古学家自2006年以来，一直在亚历山大城西面的城镇塔波希里斯·玛格纳进行考古发掘，期望能找到克娄帕特拉和安东尼的墓地。这座湖滨城镇位于埃及尼罗河三角洲最西边的马里奥特湖畔，亚历山大城以西约45千米处。

考古学家在那里发现了一个寺庙群（统称为玛格纳神庙）遗址和外围的一系列墓葬遗迹。其中，一座保存较好的古墓被认为是缩小版的亚历山大灯塔。"小亚历山大灯塔"高约20米，共三层，底座为方形，中间为六边形（剖面），上段为圆筒形，与著名的亚历山大灯塔造型相同。它的建造年代被测定在托勒密二世法老（公元前285年至公元前246年）在位时期，与亚历山大灯塔大致建于同一时期。

考古学家对玛格纳神庙遗址的发掘取得了一些重大发现，包括：

●一座克娄帕特拉半身石膏像，多枚刻有克娄帕特拉肖像的硬币；

●一座男性头部雕像及一副不全的面罩，其下巴颇像安东尼；

●一座高约1.8米的黑色花岗岩无头雕像，被认为是国王托勒密四世的雕像（在公元前332年至公元前30年的托勒密时期，多名希腊王室成员统治埃及，托勒密四世是其中之一）；

●一块埋在地基中的石碑，上面刻有希腊文和埃及象形文字，它们显示是托勒密四世（公元前221年至公元前205年统治埃及）下令建造了这座神庙；

●一排高约两米的狮身人面像底座，位于玛格纳神庙北面的入口处，也即发现无头雕像的地方（埃及庙宇的主门前都有狮身人面像，考古学家据此推测北面入口是玛格纳神庙的主门）；

●一座圣池，数间可能是木乃伊制作间的房屋，以及献给地狱神奥西里斯的圣殿（在埃及神话中，奥西里斯和伊希斯是一对掌握大权的夫妻，考古学家据此推测，这一事实可能激发克娄帕特拉和安东尼选择玛格纳神庙作为自己的埋葬地，克娄帕特拉可能代表伊希斯，安东尼则代表奥西里斯）。

考古学家知道玛格纳神庙已有几百年时间，对它的首次发掘是在1801年由拿破仑下令进行的。截至此次发掘，在神庙外围的大墓中已发现了至少12具木乃伊、500具骨架和20座墓，所有尸骸都面朝神庙埋葬，这意味着在这座神庙里有可能埋葬着一个重要的人物。而托勒密四世雕像、庙宇主门等新证据的发现，则进一步把玛格纳庙和托勒密君主联系了起来，或许也进一步和这对不幸的爱侣联系了起来。

对玛格纳神庙的探索目前还在继续。虽然尚未发现这里是克娄帕特拉和安东尼埋葬地的确凿证据，但主持这项发掘的考古学家恺西琳·马丁内斯和哈瓦斯都相信，玛格纳神庙的确可能是这对情人的埋葬地，他们的理由是：两人不希望罗马征服者找到并破坏自己的陵墓，因而很可能会把自己埋在亚历山大王宫之外的一个神圣而又秘密的地方。如果最终证实克娄帕特拉和安东尼葬于玛格纳神庙，如果在那里发现了他们的木乃伊或尸骸，无疑将是一条轰动世界的大新闻。

④

①被摄影家们的身影遮挡住的这具木乃伊2009年4月发现于玛格纳神庙附近，这处墓地和周围其他9处贵族墓地的年代被确定为大约公元前30年，即安东尼和克娄帕特拉死亡时期。
②考古学家期待对玛格纳神庙的发掘能取得比发掘图坦卡蒙法老墓更大的发现。图为玛格纳神庙遗址外景。
③在玛格纳神庙发现的这座无头雕像，被认为雕凿的是托勒密四世国王。
④这座保存较为完整的古墓被认为是缩小版的亚历山大灯塔。

（汪琳 吴青）

法老的船队（上篇）

以法老王的名义，宏伟的船队踏上远征海洋之旅，去往一片充满宝藏的神秘土地——庞特。在埃及最古老庙宇的石墙上精细雕刻的这一场景，究竟是神话还是事实？庞特真的存在吗？古埃及人真的能够建造远洋船吗？

传奇一般的古埃及女法老哈特谢普苏特，她的船队能否再度扬帆远航？

巨大的庙宇，宏伟的金字塔，埃及是一个充满奇迹的国度。要知道，这些恢弘的建筑可都是几千年前古埃及法老的工程师们的杰作。再联想到埃及的生命之河——尼罗河，人们也不难理解古埃及人还是建造河船的高手。然而，人们未必知道的是，古埃及人同样是建造海船的能人。

胡夫船的启发

根据古埃及铭文，早在4 500年前的旧王朝时期，埃及就已经在与其他文明进行活跃的贸易：从黎巴嫩进口木材，从地中海东部进口酒和橄榄油。说到古埃及人的远洋成就，直接的证据现在已很难获取，但仍然有一些法老在这方面留下了耐人寻味的线索。在人们为女法老哈特谢普苏特（公元前1500年前后在位）建造的神庙的石壁上，刻画着五艘巨大海船从红海起航、最终满载货物回来的场景。这样的史诗般的远航无疑是一个大胜利，对于巩固法老尤其是一个女法老的权威和统治来说意义非凡。

哈特谢普苏特原本是图特摩斯二世法老的王后，法老死时，他与另一个妻子所生的继位儿子只有4岁，于是哈特谢普苏特成为摄政王，"护卫"小法老治理国家。作为事实上真正的法老，为了巩固王位，哈特谢普苏特必须赢得寺庙祭师们的支持，而方法之一就是提供给他们在古埃及颇为珍贵的一种物品——燃香。

燃香可谓古埃及人献给众神的礼物，古埃及寺庙举行仪式都离不开燃香。不过，古埃及本身并不出产燃香，

重建的胡夫船

据史料记载，当时乳香和没药（都是树脂，为燃香和药材原料）等材料的最佳来源地是庞特（意为"神的土地"）。那么，庞特的确切地点在哪里呢？今天已无从知道。

为了越过汹涌的红海到达庞特，哈特谢普苏特需要结实的海船，从石刻和史料记载来看应该是木船。考古研究认

大金字塔附近的船形坑，里面的整艘船或船部件早已化为碎片

为，运用扁斧等传统工具和技术，古埃及人在木料切割方面的技艺已经达到了令人难以置信的程度。那么他们真的造出了结实的木质海船吗？

在古埃及最著名遗址——吉萨高原上，极为罕见地留存下一艘法老时代的古埃及船。大约4500年前，胡夫法老开始在吉萨高原建造他的大金字塔，也是世界上最大规模的陵墓之一，大斯芬克斯（狮身人面像）也位于此地。今天的考古学家在大金字塔的脚下发现了一个船形坑，里面装着一艘早已化为碎

片（也有说是船的部件原本就是拆开的）的木船。运用这些碎片，考古学家和埃及造船师复原了这艘有可能在胡夫葬礼上使用过的"太阳船"（也称"胡夫船"）。这艘船向现代人展示了古埃及造船师令人叹为观止的造船技艺，同时也表明了古埃及船与现代船在建造方面的本质区别：现代船拥有船架结构（也叫龙骨），船架就像是人的骨架，船壳不过是钉在外面的薄薄一层"皮肤"而已；而胡夫船却没有船架，只有"皮肤"。

在胡夫船上，形状不规则的木壳板就像七巧板一样拼接在一起，各块木壳板之间的连接没有使用钉子，而是采用榫卯节点。此外，为了防止木壳板滑落，用绳子穿过木壳板并拴紧。建造这样的船需要很大的木料，而埃及缺乏大树。事实上，法老船的建造使用了大量进口自黎巴嫩的大型香柏。

胡夫船无疑是古代船舶工程学上的一件杰作，其中包含了有关古埃及造船技术的大量线索。不过，胡夫船看上去如此苗条、优雅，它根本就不适合航海。考古学家推测，胡夫船可能只是在尼罗河上漂浮的仪式船，或者只具有象征意义，从未下过水，甚至是一堆船构件，根本就没有组装起来。

复原古航海船

现在，考古学家需要复原一艘比胡夫船结实得多也大得多的能航海的帆船。那么，他们到哪里去寻找线索呢？考古学家来到位于卢克索的哈特谢普苏特神庙，这座庙宇建于吉萨大金字塔群之后大约1000年。虽然历经3500年的风化，石墙上的浮雕至今依然清晰可辨，其中多个浮雕以惊人的细节刻画了大型帆船在海上航行的情景，包括船上人员、索具和货物。造船专家一眼就看出，这些船没有浮华的装饰，也不见彩带和旗帜，却是切实可行的真正的海船。

根据石刻文字，这些船是被哈特谢普苏特法老派遣的，目的地是庞特。一些考古学家推测，庞特位于红海海岸以下大约1500千米。但是，一些历史学家却不相信古埃及人有能力完成如此远距离的海上航程。他们指出，石刻上刻画的航海情景不过是传说中的景象而已。

考古学家决定根据石刻画面，建造一艘20米长的法老海船。据史料记载，法老海船使用进口自黎巴嫩的香柏，但今天就连黎巴嫩也罕见香柏，因此重建法老船使用的是一种与古香柏物理特性接近的替代木——枞木。造船专家打算先造一艘模型船，但这同样难度不小，因为法老船没有船架，船壳板是精确拼接起来的，必须拥有精确的切割和凿刻技术。费了很多力气，造船专家终于用小木片做成了一艘模型船。如法炮制，造船专家开始建造一艘实际大小的法老海船。除了拼接船壳板之外，另一个难点是如何让它们之间结合紧固，即便是在浪涛汹涌的海上也不会散架。那么，古埃及人是怎样做到这一点的呢？

根据哈特谢普苏特神庙石刻复原的法老海船（编织画）

从胡夫船来看，船壳板是通过榫头和榫眼的接合以及捆绳来实现紧固的。那么船壳板之间怎样才能做到紧密相接、密不透水呢？可惜的是，哈特谢普苏特神庙的浮雕上没有提供这方面的任何线索。考古学家沿着埃及海岸线寻找多年，范围包括地中海和红海，期望发现古埃及沉船遗骸，却一直没有结果。直到不久前，在卢克索大庙群东北大约160千米的红海岸边一个叫作梅萨·加瓦西斯的沙漠遗址，考古学家终于发现了能反映古埃及航海能力的惊人证据——保存完好的石锚和船绳遗迹，其年代距今大约3 800年。考古学家还在附近发现了更惊人的证据：一堆3 800年前的木箱，其中一个木箱上刻着"庞特珍品"，这无疑是哈特谢普苏特的船队当年从庞特运回的货物。不过，最令考古学家感到惊喜的，是在现场发现的几块船壳板。

在这些船壳板上有不少谜一般的小洞，它们不是用工具凿出来的，而是被船蛆啃出来的。船蛆是一种咸水软体动物，只生活在海洋中，喜欢在沉到海底的木头上打洞。这就意味着，这些厚厚的船壳板一定来自于法老海船。这些船壳板上有足够两排榫卯节点用的榫眼，但与胡夫船不同的是，船壳板上没有绳

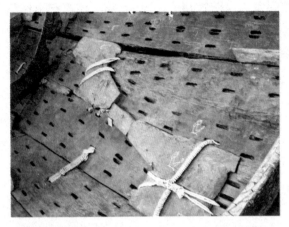

在胡夫船的建造方面，为防止木壳板滑落，用绳子穿过木壳板并拴紧（复原图）

洞来拴绳紧固船壳板。

这艘没有使用拴绳的法老海船看上去比较结实，但能否经得起大风大浪却令人怀疑。一个核心问题是：这艘船能够不渗水吗？今天的木船是采用捻缝技术来防渗漏的，也就是将棉花之类的天然原料或硅胶之类的合成原料经人工锤打后，挤进船壳板之间的缝隙，做密封处理。但是，这些古埃及船壳板看上去没有任何捻缝的痕迹。如果没有捻缝，又怎样阻止海水渗入船体内部呢？有一个办法，就是将造好的船沉入水中，让船壳板围绕着结合点膨胀起来，彼此之间就能接合得更紧密，从而防止海水渗进船内。

这种办法行得通吗？这要求船壳板的结合点必须凿刻得非常完美，不要说古埃及人做不到这一点，现代工程师也很难做到。考古学家由此想到，法老海船应该也是有捻缝的，只不过捻缝材料早已消失了。不过，造船专家还是坚持在不使用捻缝树脂的情况下打造这艘法老海船。根据发现的古船证据，他们为船添加了多道横梁，这些横梁不仅能支撑甲板，更重要的是能让船体结合得更紧密。

复原的法老海船接近完工，大家对它既期待又担忧。现代帆船船体较窄，

尖尖的龙骨便于控制海水以防止翻船，而这艘法老海船的船体圆胖，看上去容易倾覆，没有捻缝更让人忧心船的防水性能。

名副其实的"海上航行家"

在船坞里，专家对复原的法老海船进行最终检验。不幸的是，正如他们此前所担心的那样，这艘船到处渗水，根本不适合航行。查找原因，可能还是因为没有捻缝。造船专家决定对船体进行捻缝处理，运用的材料是亚麻条和软蜂蜡，其依据是，古埃及不仅出产亚麻，而且在梅萨·加瓦西斯的沙土中也发现了亚麻碎片，而蜂蜡则是古埃及人能得到的材料，古埃及人用它填充棺材缝和家具缝，还把它用作涂料的固定剂。捻缝之后，复原的法老海船果然能很好地防水了。

复原的法老海船终于完工了，它即将被放进红海。按照古埃及铭文，海船是在距离海洋150千米的尼罗河边建造的，造好后即拆除，拆下的部件由数千驴子和人驮运，穿越沙漠，最终到达红海岸边。据记载，一次前往梅萨·加瓦西斯的远征动用了3 756名壮年男子。不过，今天的复原法老海船是被从尼罗河船坞整船运到梅萨·加瓦西斯附近一个红海港口的。

船就要下海了，专家们有点忐忑：这艘重心高、船体胖的船会不会翻呢？他们在船上装了9吨沙作为压舱物。船出码头后，果然摇晃得厉害。不过，当

复原的法老海船成功航行

船帆竖立起来后，船帆灌满风，船逐渐稳定了下来——向前的动能减少了船的颠簸。

船向着南面行驶，这是大多数考古学家所相信的哈特谢普苏特船队当年的扬帆方向。虽然古庞特国的确切位置迄今仍不明朗，但它很可能位于非洲海岸以下数百千米的地方。一年中多数时间，风都是由北向南吹，因此沿着红海的非洲海岸扬帆远航是很容易的。

可以想象，当年法老海船在大海上经历狂风暴雨，但它最终挺过风暴，向着既定方向继续行驶，或许只要一个月就能抵达庞特。回程的时间可能要长一点，因为是逆风行船，或许只能划船回来，或许以相反的方向绕红海海岸转一圈。但无论是哪一种方式，法老海船都能挺过难关，顺利返回。

复原法老海船证明，古埃及人不仅是名不虚传的"尼罗河之王"，也是名副其实的"海上航行家"。

法老的船队（下篇）

　　尽管已掌握了大量证据，但考古学家迄今仍未弄清庞特古国究竟在什么地方，甚至连庞特到底是个什么样的国家也不了解。

　　以法老王的名义，宏伟的船队踏上远征海洋之旅，去往充满宝藏的神秘之地庞特——在埃及最古老庙宇的石墙上精细雕刻的这一场景，究竟是神话还是事实？庞特真的存在吗？古埃及人真的能够建造远洋船吗？

在哈特谢普苏特神庙（也称停灵庙，位于埃及戴尔·埃尔·巴赫里）的石壁上，描绘了她治下第九年前往庞特的远征。图为参加远征的士兵

"扬帆海上，向着神的土地进发。在庞特安全登陆……"这是哈特谢普苏特神庙（葬庙）石墙上的一段铭文。

庞特，也被称为"神的土地"，在超过1 000年的时间里，这个有着丰富燃香、黑檀和黄金资源的神秘国度一直在与埃及进行贸易。古埃及人留下了关于庞特的如山的证据，其中又数哈特谢普苏特留下的证据最多。在底比斯（上埃及古城，位于尼罗河畔）附近的已有3 500年历史的哈特谢普苏特神庙的石墙上，铭刻着大量对庞特的描绘——哈特谢普苏特和其他古埃及法老向庞特派出过大型远洋船队，每次远航的人数有数千人之众。可是，庞特古国到底在哪里呢？女法老哈特谢普苏特和所有的古埃及人一起，给现代人留下了这个谜题。

庞特在哪里？

关于庞特，最早的证据来自于古埃及旧王朝时期。在一块被叫作"巴勒莫"的石头上刻着：在大约公元前2500年，即萨胡尔法老统治时期，一个远征队从庞特带回了80 000梅尔（古埃及计量单位）的没药。没药是提取自没药树的树脂，可作香料、药材、燃香等，出产自庞特，是古埃及人眼中最有价值的商品。萨胡尔的远征队还带回了大量原木（这在像埃及这样的沙漠国家也弥足珍贵）和大量银金（又称琥珀金，是金银合金）。

到古埃及中王朝时期，远征庞特的规模达到了登峰造极的地步。一块年代约为公元前1985年的石刻上提到：在一

次庞特远征中有3 000人参加，而在50年后的另一次庞特远征中有3 700人参加。

到古埃及新王朝时期，哈特谢普苏特的船队远征庞特，这次远征发生在公元前第15世纪，哈特谢普苏特执政第9年，远征场面被精细地刻画在了她的神庙的浮雕上。其中一个场景显示的正是庞特，其中包括建在支柱上的蜂窝状房屋，棕榈和没药树为这些房屋遮阴。另一个场面描绘了哈特谢普苏特船队离开埃及和到达遥远之邦庞特的情景，并称船队在回程时"搭载了庞特的大量珍品"。最后一个场面显示的是庞特政要向哈特谢普苏特女王奉献"奇珍"的情景。

目前已知的最后一次庞特远征，发生在公元前12世纪的拉美西斯三世治下。一份古埃及纸草书记载说，拉美西斯三世"创建了大型运输船，上面装着来自埃及的数不清的货物。他们到达了庞特，没遭任何厄运，安全抵达并备受尊敬"。

遗憾的是，这些证据都没有告诉我们庞特的具体位置究竟在哪里。自19世纪以来，很多学者纷纷推测庞特的具体位置——叙利亚、西奈、阿拉伯南部、苏丹东部、埃塞俄比亚北部、索马里、肯尼亚，但至今仍无人能指出庞特国的确切位置。

怎样去庞特？

也并非完全没有线索，例如，上述纸草书中明示了一点，这就是，拉美西斯三世的远征队在前往庞特途中借道于

哈特谢普苏特神庙浮雕刻画了庞特国王及王后向埃及人"进贡"的场景

红海。考古学家已经证实，古埃及中王朝时期和新王朝时期醉心于庞特的法老们在尼罗河造船，然后将船拆分，再穿越大约160千米的沙漠，运到古红海港口萨乌（今天称梅萨·加瓦西斯），重新装配后驶往庞特。返回后，船在萨乌港卸货，由驴车拉到尼罗河，再由河船向南送到都城底比斯。

然而，对于这些船从萨乌港起航后究竟驶往何方，却无人知道。更让人云里雾里的是，古埃及人可能并不总是借道红海。一些古埃及铭文暗示，另一条前往庞特的路径是沿着尼罗河向南航行，穿过位于埃及南面的努比亚，然后再往前走。一些考古学家相信，在努比亚与埃及交好时期（例如旧王朝时期），古埃及人选择这条线路前往庞特；在努比亚人封锁了向南的陆路时

（例如中王朝时期和新王朝初期），古埃及人则选择通过红海前往庞特，当然走这条路线必须穿越更多沙漠。

早期理论

关于庞特位置的争论始于19世纪50年代，当时新成立的埃及文物服务局开始清理位于底比斯及其周围的大寺庙。当时新发现的象形文字文本记叙说，庞特是位于埃及东面的一个香料来源地。有考古学家据此提出：庞特位于阿拉伯半岛。这看似有道理，因为古希腊人曾盛赞"阿拉伯香料"，而阿拉伯半岛位于埃及的正东面。

然而，在阿拉伯半岛至今也没有找到一丁点庞特的遗迹。事实上，后来的两个发现推翻了"阿拉伯庞特"的

说法。第一个发现是图特摩斯三世法老留在底比斯卡纳克庙中的一个象形文字清单，其中指明庞特位于埃及南面；第二个发现是哈特谢普苏特神庙浮雕，它和其他一些证据都把庞特的地理位置指向非洲。例如浮雕上刻画的长颈鹿和犀牛等动物，具有明显的非洲特征，在阿拉伯半岛并无出产。有考古学家据此认为，庞特位于当今索马里海岸。可巧的是，在现代索马里境内，在"非洲之角"角尖上，有一个地区叫"庞特兰"，其意为"庞特的土地"。

非洲论点

有关庞特位于索马里的假说流行了很长一段时间，但到了20世纪60年代，

有考古学家对这一假说提出了质疑。考古学家在对哈特谢普苏特神庙浮雕中的庞特动植物及其他元素进行详尽研究后指出，庞特的位置可能在埃及南部的上尼罗河地区，在阿特巴拉河与白尼罗河和蓝尼罗河两河交汇点之间的区域。

但又有人质疑说，如果真是这样，那么远征队通过陆路和河道就可以到达庞特，无需经过海路。此外，哈特谢普苏特神庙浮雕提供的线索也与上述观点互相矛盾，例如浮雕中，在庞特船下方的鱼以及其他海洋动物如大螯虾和乌贼等，明显都是红海物种，几千年来它们的样子一直没有变过。

目前，有关庞特位置的一个认同度较高的观点是，庞特位于今天苏丹东部和埃塞俄比亚北部从红海一直到尼

这幅浮雕描绘了哈特谢普苏特的庞特远征队所获得的燃香和没药树。没药是一种热带树脂，可作香料、药材。浮雕中也刻画了庞特人建在支柱上的蜂窝状棚屋（白线框）

罗河的一片地区。证据主要来自于语言学：迄今唯一已知的庞特国国王佩拉胡（parehu）的名字的首字母是辅音p，庞特（punt）本身的首字母也是p，而古代阿拉伯南部语言中没有辅音p。

再回阿拉伯

对于"辅音p"证据，有考古学家指出，这也不能完全排除庞特位于阿拉伯地区的可能性，因为庞特可能包括从亚喀巴到也门的整个阿拉伯半岛西海岸地区，而古埃及人直接或间接地提示，庞特既位于尼罗河以北，与地中海地区的近东诸国接壤，又位于尼罗河东面或东南面，最远边界则远在尼罗河以南，那么符合这么多条件的就只有阿拉伯半岛了。

之后又有考古学家提出一个折中理论：上述各种理论都误读了哈特谢普苏特文本中的说法，把"位于大海两边"理解成了"沿海"或"沿岸"。如果按照对相关象形文字的解读：哈特谢普苏特的远征队"在大海两边的没药树土地上为国王的使者安营扎寨，一边接待这方土地的首领"，那么红海上有一个地区可能是庞特的最佳位置，这就是位于红海南端的曼德海峡，今天的吉布提和也门在这里隔海相望。因此，庞特很可能是跨越曼德海峡的一块大小不确定的土地，而曼德海峡正是庞特当初的商业活动中心。

考古学家相信，庞特绝非传说，一定真真实实地存在过。现在红海海岸和索马里北岸的考古还处在起步阶段，或许有一天，一个新发现的古代遗址或一块墓志铭，只需几个字，就会向我们揭示庞特的终极秘密。

庞特棚屋的复原图

（梁宏军）

DNA破解图坦卡蒙身世之谜

尽管他在世时被人极力塑造成太阳神的化身，但实际上他根本就不是一个强健的太阳神——科学家2010年2月公布的DNA最新研究结果显示，古埃及著名少年法老图坦卡蒙是一位饱受疟疾、骨病和近亲繁殖折磨的柔弱法老。这也是科学家首次利用DNA检测技术对古埃及王室木乃伊进行研究。

图坦卡蒙之父埃赫纳吞法老的雕像

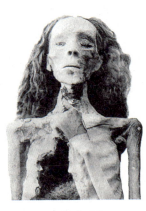

"老妇人"

"年轻女士"

奈费尔提蒂胸像

图坦卡蒙在位时间大约在3 300年前，当时正处于古埃及新王朝时期。他9岁登基，在位仅约10年，公元前1324年前后（具体时间尚不确定）去世。虽然死得很早，图坦卡蒙却在现代人中间声名大噪，这是因为考古学家在1922年发现了他的保存完整的陵墓，其中陪葬有大量宝藏，包括一副具有标志性的金面具。

在最新研究中，科学家利用DNA检测技术对图坦卡蒙以及长期以来一直被疑为其近亲的10具古埃及王室人员的木乃伊进行检测，此前这10具木乃伊中只有3具的身份被确定。用取自这些木乃伊骨骼中的DNA样本，科学家为图坦卡蒙创建了五代家族谱。通过调查Y染色体（只由父传子的DNA束）中的共享序列，科学家辨别出了图坦卡蒙的男性祖先群。再通过找寻特定男女（夫妇）的DNA混合迹象，科学家得以确定木乃伊之间的直系亲属关系。

运用上述方法，科学家发现编号为"KV55"（"KV"是国王谷——

埃及国王谷全景

古埃及王室逝者集中埋葬地的简称，"KV55"意即国王谷第55号墓）的木乃伊系图坦卡蒙之父，也即被称为"异教王"的埃赫纳吞法老。埃赫纳吞以发动了一场改古埃及众神教为一神教的宗教运动而闻名。DNA检测证明，编号为"KV35"的木乃伊是图坦卡蒙的祖父——阿蒙霍太普三世法老，他在位期间古埃及空前繁荣。DNA检测还初步显示，随葬图坦卡蒙的两个流产胎儿其实是他和他的妻子埃赫森娜蒙王后所生的女儿。一具被叫作"老妇人"的木乃伊经DNA测试证明是蒂伊王后，也即图坦卡蒙的祖母、阿蒙霍太普三世的妻子。另一具被叫作"年轻女士"的木乃伊则是图坦卡蒙的母亲。过去，一些考古学家一直认为图坦卡蒙的母亲是埃赫纳吞的主要妻子奈费尔提蒂，后者以一座偶像般的胸像而闻名。但DNA研究证实，她是阿蒙霍太普三世和蒂伊王后亲生，是其丈夫埃赫纳吞的亲妹妹。这不足为怪，因为古埃及王室权力争夺激烈，通过产子争权司空见惯，其中包括近亲联姻及产子。不过，近亲繁殖显然后患无穷。

对图坦卡蒙木乃伊进行的电子扫描检测证明，在图坦卡蒙生前，其左脚因骨组织坏死（即骨疽）而导致畸形，这一定给他造成了很大的痛苦，逼得他要靠拐杖走路（在图坦卡蒙陵墓中发现有大量手杖）。不过，骨疽并不是他的致死

原因。科学家这一次在图坦卡蒙体内发现了由蚊子携带的、会造成疟疾的寄生菌，这也是疟疾这种疾病的最古老的遗传证据。由于图坦卡蒙体内的疟疾菌株不只一种，可以断定他一生中曾多次感染疟疾，其中包括能致命的热带疟疾。科学家据此推测，疟疾很可能削弱了图坦卡蒙的免疫能力，阻碍了他的足伤康复，再加上右臀骨断裂，最终导致了这位少年王的死亡。而在此之前，图坦卡蒙的死因被推测为打猎事故、谋杀、血液感染、头部受伤和中毒等。

另一种被最新研究结果推翻的猜测是：埃赫纳吞可能患有一种遗传病——男子女性型胸部征，这导致他出现女性生理特征，而这一特征在他的雕像上清晰可见。科学家这一次运用最新电子扫

挂着拐杖的图坦卡蒙（左）与妻子

女性化的埃赫纳吞雕像

描技术发现，埃赫纳吞真人身上其实并无任何女性体征。相关研究表明，在埃赫纳吞雕像上融入女性特征完全出于宗教和政治目的。埃赫纳吞被古埃及人视为神的化身，当时的赞美诗中说："你（埃赫纳吞）是男人也是女人"。

也许你会问：几千年前的木乃伊体内的DNA为何会保存至今？事实上，这些王室木乃伊体内的DNA保存状况比年代晚几百年的民间木乃伊都好，这并不奇怪——制作王室木乃伊所采用的手法、材料都比制作一般木乃伊要好得多，所用的防腐剂数量也更多。

（汪　琳）

DAJINZITA ZHI MI

大金字塔之谜

  不久前，一位知名埃及学家暗示：埃及金字塔的建造有可能得到了高度发达文明或外星人的帮助。此说纯属一派胡言。不过，大金字塔的确是充满奥秘的古代世界奇迹之一。

2010年11月底，一些国外媒体尤其是喜欢制造轰动效应的小报争相转载一则消息："埃及考古学家承认金字塔内有外星人的技术！"而这则耸人听闻的消息也并非空穴来风——当时，埃及开罗大学考古学系主任沙西恩在一次国际会议上向学界介绍在吉萨高原取得的考古新发现时说：那些认为"有一个高度发达的文明或者乐善好施的外星人帮助古埃及人建造了金字塔"的理论其实并非毫无根据。

沙西恩的这番表态激起了轩然大波。会上当即有人发问："金字塔真的可能包含外星技术吗？"沙西恩的回答是："我无法证实或否认此事，但金字塔内部确实有某种不属于这个世界的东西。"

埃及是一片深陷于古代历史的土地，也被一些人认为是西方文明的发祥地。大多数古埃及丰碑都位于尼罗河西面，这里是死者的领地。尼罗河东面的丰碑则保留给生者。一代又一代古埃及法老建造起规模宏大的石头建筑，献给自己也献给众神。不过，就其建造时代而言，金字塔和狮身人面像等的确令人难以置信，就连科学家至今也未能弄清楚它们究竟是怎样建造起来的。玄论者则借题发挥：在法老时代之前上千年，埃及可能存在另一个文明；金字塔和大狮身人面像可能是亚特兰蒂斯文明的遗产；也许只有外星人才能拨开围绕大金字塔的重重疑云……

如今，就连一向以严谨著称的埃及考古学界也有大牌人物公开支持玄论，难怪玄论者们如获至宝。美国著名的"真相调查者"布拉德·奥尔森随即发表言论称：像大金字塔这样精准的设计与建造，难道不可能有其他超文明参与？

的确，以大金字塔的宏伟性和复杂性，它给玄论者提供了太多可供炒作的话题。那么，大金字塔真的与所谓"超文明"或"外星文明"有关吗？

吉萨金字塔群

在埃及首都开罗西南的吉萨省的吉萨高原上，矗立着世界上最著名的吉萨金字塔群。

吉萨金字塔群包括胡夫金字塔、哈夫拉金字塔、孟卡拉金字塔三座体量很大的金字塔以及一些小金字塔和其他建筑。胡夫金字塔（也被称作"大金字塔"和"基奥普斯金字塔"）是吉萨金字塔群中最大和最古老的，考古学家相信它是古埃及人为第四王朝法老胡夫（希腊语中称"基奥普斯"）建造的陵墓，其建造时间可能长达20年，胡夫的重臣赫蒙被认为是主持修建大金字塔的人。

据考古学家估计，大金字塔落成时的高度为280埃及腕尺（古计量单位，1腕尺等于0.524米），折合146.5米。大金字塔保持全球最高人造建筑纪录超过3800年时间，直到公元1300年此纪录才被打破。随着风化以及塔尖的消失等，现存大金字塔的高度为138.8米。大金字塔的基座为正方形，每条边长440腕尺，折合230.4米。大金字塔的体积约为250万立方米，建造它使用了约230万块石块，石块的平均重量为2.5吨，有一辆

法老家族墓葬
吉萨金字塔群包括胡夫金字塔、哈夫拉金字塔、孟卡拉金字塔三座金字塔。在大金字塔的南面，是俗称"王后金字塔"的四座附属金字塔，其中三座直到今天几乎仍保持原来的高度，只是第四座因毁损严重如今差不多已荡然无存。

小汽车那样大，其中最大的一块花岗岩石块发现于大金字塔内的法老墓室中，重达80吨，是从800千米之外的阿斯旺运来的。这些石块的总重量达到约590万吨。基于这些估值，要想在20年内建成大金字塔，每天需安放近800吨重的石块，或者说每小时需安放超过12块巨大石块。

大金字塔被其周围的小金字塔及其他一些建筑所包围。在大金字塔东面，矗立着金字塔庙，从北到南长52.2米，自东向西宽40米，但它如今几乎已完全从人们的视线中消失，只留下用黑色玄武岩石块铺就的道路。这些玄武岩石块看上去都经过锯子处理。据考古学家推测，这是一种重量超过130千克的"超级锯子"，锯齿是铜的，锯刃长度接近5米，安装在木头支架上，与植物油、金刚砂等一起使用，需要至少12名工人联手，以40毫米／分的速度进行切割。

在大金字塔的南面，是俗称"王后金字塔"的四座附属金字塔，其中三座直到今天几乎仍保持原来的高度，只是第四座因毁损严重如今差不多已荡然无存。在大金字塔周围铺道的下面是赫特弗里斯王后的陵墓，这位王后是斯尼夫鲁法老的妻子和胡夫法老的母亲。这座陵墓是在一次探险过程中偶然被发现的，墓葬完整，但仔细密封的棺材中却空空如也。

金字塔的建造一直持续到埃及中王朝时期（公元前2000年至公元前1785年）的末期，只是那些在大金字塔群之后修建的金字塔的规模都比较小。到新王朝时期（公元前1580至公元前1085年），所有金字塔都遭到了盗贼的洗劫。之后，埃及王室开始在沙漠峡谷中建造陵墓，现在这个峡谷被称为"帝王谷"。考古学家推测，大金字塔早在中王国时期就已被打开并洗劫一空，后来又有人进入过吉萨金字塔群，这些就是至今未能找到胡夫木乃伊及随葬物品的原因。

大金字塔的主人

大金字塔的主人是胡夫，他是古埃及旧王朝时期的一名法老，也是第四王朝的第二名法老。胡夫是斯尼夫鲁国王和赫特弗里斯一世王后所生，也是赫特弗里斯公主的哥哥。和他的父亲不同，胡夫在晚期的民间传说中以残暴冷酷而恶名昭著。胡夫有9个儿子，其中的杰德夫拉成为他的继位者。胡夫还有15个女儿，其中一个后来成为赫特弗里斯二世王后。古埃及文献中提及胡夫的多个儿子，但对他的其他子女只在吉萨的墓葬中有所记载。

胡夫从20多岁起开始执政，在位时间约为23年（也有说法是50年或63年）。在位期间，胡夫曾率军与西奈、努比亚（非洲东北部古王国）以及利比亚人作战。胡夫的暴戾恶名是在他死后

很久才传出的。据古希腊历史学家希罗多德记载，胡夫为建造自己的大金字塔，不仅暴虐人民而且冷对家人。

对胡夫的大多数肖像写真都已迷失在历史的尘烟中，只有一座小雕像被认为是胡夫的。胡夫虽然是吉萨大金字塔的建造者，但具有讽刺意味的是，这座唯一的胡夫雕像却不是在吉萨发现的，而是1903年由英国的埃及学家弗林德斯·佩特里在阿比多斯古城发掘到的。这座雕像刚发现时没有头部，但上面刻有胡夫的名字。意识到这一发现的重要性，佩特里当即下令停止发掘，全力筛查发现雕像地区的泥土，结果三星期后找到了雕像的头部。如今，这座雕像展

暴戾的胡夫
大金字塔的主人胡夫是古埃及旧王朝时期的一位法老。他的暴戾恶名是在他死后很久才传出的。据古希腊历史学家希罗多德记载，胡夫为建造自己的大金字塔，不仅暴虐人民而且冷对家人。

出于埃及开罗博物馆。近年来又发现了两个疑似胡夫的写真。

在胡夫之前，只有法老才有资格拥有金字塔作为陵墓。而在胡夫时代，他的家族成员也有了各自的小金字塔，从而构成了一个家族墓场。大金字塔南面的三座小金字塔被认为分别属于他的两个妻子和母亲赫特弗里斯一世。在这些小金字塔附近有一系列的石室墓（一种埋葬古埃及达官贵人的墓葬形式，有矩形的平顶，外壁倾斜，由泥砖或石头建造），距离大金字塔最近的石室墓分别属于卡瓦布王子和胡夫哈夫一世及他们的妻子，然后是敏哈夫王子和赫特弗里斯二世王后以及胡夫的孙女梅丽桑哈二世及三世的坟墓。当这些石室墓中最大的一座（编号G 7510）于1927年被挖掘时，墓中出土了一座安哈夫王子（与胡夫有一半血缘关系的弟弟）的胸像，目前这座雕像被收藏于美国波士顿美术博物馆。

世界上最古老的船

说到大金字塔就不能不说一说在它旁边发现的胡夫船，这是世界上已知最大、最古老且保存最完整的古船之一。

1954年5月的一天，埃及考古学家卡马尔·玛拉卡赫在大金字塔南边的一堵石墙下进行考古挖掘时，发现了一排

葬仪船？
朝圣船？
考古学家推测有两种可能性：其一，胡夫船是一艘"葬仪船"，当初它载着胡夫的木乃伊从孟菲斯（古埃及城市，废墟在今开罗之南）来到吉萨安葬；其二，胡夫本人曾把这艘船作为"朝圣船"，乘船造访各处圣地，胡夫死后这艘船随葬，以备胡夫在"阴间"所用。

太阳船与吉萨金字塔群（想象图）。图中显示了金字塔建成时的原貌，人们乘太阳船来到吉萨高原，可能是为了访圣，也可能是为了安葬法老的木乃伊。

共40块石灰岩石板，它们看上去就像是装在罐头里的沙丁鱼。这些石板覆盖着一个长方形的石坑。玛拉卡赫在其中一块石块上凿出一个探洞，透过这个探洞往下探视，结果发现了一个船形石坑。这是在大金字塔旁边发现的第四个船形坑，之前发现的三个船形坑里面都没有船，可能早被移走或解体。而这个长而窄的坑上盖着重达15吨的石板，坑里装着一只船，这就是胡夫船，它长43.6米、宽5.9米。

胡夫船的发现彻底颠覆了现代人对古埃及造船术的认识。自从被密封进这个在吉萨高原的基岩中凿出的石坑后，这艘船从未被人扰动过，但在被玛拉卡赫发现时，它已被岁月化为1 224个木块。最长的木块有23米，最短的只有10厘米。这些木块的排列完全符合船的组

装顺序，看上去就像这只船刚刚才解体一样。这些木块在重见天日之时仍散发着黎巴嫩香柏的芬芳。从这些木块分析，胡夫船大部分是由加工自黎巴嫩香柏的板材制作，船底由多块板材构成，但整艘船没有龙骨，而是用草绳将木板和框架紧紧拴在一起。根据坑中发现的

1 224个木块，埃及文物专家和造船专家花了长达14年的时间，最终重建了胡夫船。

考古学家至今仍不清楚胡夫船的历史及功用。从外形看，胡夫船具有明显的"太阳船"特征。所谓太阳船，是古埃及的一类仪式船，其意义是：太阳船载着太阳神"拉"和复活的法老穿行在天宇。胡夫船也的确显示出在水中行驶过的迹象。考古学家推测有两种可能性：其一，胡夫船是一艘"葬仪船"，当初它载着胡夫的木乃伊从孟菲斯（古埃及城市，废墟在今开罗之南）来到吉萨安葬；其二，胡夫本人曾把这艘船作为"朝圣船"，乘船造访各处圣地，胡夫死后这艘船随葬，以备胡夫在"阴间"所用。

胡夫船被誉为古埃及最伟大的发现之一。自1982年以来，胡夫船一直在吉萨金字塔建筑群中的胡夫船博物馆里展出。这是一个带空调的博物馆，第一层以录像、图片和文字的形式向游客介绍这艘三桅帆船的发掘和复原过程。放胡夫船的石坑被融入博物馆底层的设计中，因此如果要观看复原的胡夫船，游客需要爬楼梯上到第二层。窗户从地面一直延伸到博物馆的天顶，提供了良好的视线。游客可以环绕胡夫船的木质走道全方位地欣赏这艘古老的船的风采。

在吉萨金字塔建筑群中还发现了第五个船形坑，但此坑至今仍未打开，意在等待未来的发掘技术能获取更多信息。上述船形坑都被视为大金字塔的重要组成部分。

← **博物馆** 在大金字塔脚下的胡夫船博物馆里，矗立着迄今发现的最壮观的古代物品之一，这是一艘三桅帆船。它大约于公元前2600年被人细心地埋在一个石坑里，目的是祭奠大金字塔的建造者胡夫法老，而造船者则是胡夫的儿子即继位者杰德夫拉法老。自那以后，这艘船一直静静地躺在它的石灰岩棺椁——船形坑里。

↓ **木板** 今天的造船师在造船时，首先搭好船的船架，然后才为船体添加板材。而胡夫船却没有船架，只有木壳板"皮肤"。胡夫船的建造工艺堪称出类拔萃，30张船体主板都是用20多米长的圆木加工而成的，且尺寸精确，整条船看上去就仿佛是一幅复杂而完美的拼图。

↑ **船** 这是根据玛拉卡赫发现的木块复原的胡夫船，也叫太阳船或法老船。玛拉卡赫花了20个月来搬运他所发现的1 244块船木，考古学家随即着手复原这艘古船，直到14年后完成。

↑ **紧固件** 古埃及造船师在建造胡夫船时未使用一根钉子，他们通过榫头和榫眼接合的方式连接相邻的船板，然后再用结实的草绳把船板捆扎在一起，但不是让绳子缠绕或穿过船板，而是在船板内侧精心凿刻出成千上万条V形凹槽，草绳则在凹槽中穿行。简言之，就相当于用草绳"缝制"了一艘船。

↑ **木料** 建造胡夫船的木料主要是黎巴嫩香柏。在古埃及，除尼罗河刺槐和怪柳之外，没有多少其他大树，因此古埃及人早在胡夫时代以前就不得不从地中海东部地区进口香柏。工人们用扁斧加工圆木，这种加工方法至今仍被埃及造船师沿用。这幅胡夫船甲板室照片展示了古埃及造船师运用铜器和燧石工具所达到的高超技艺。

↑ 甲板室 胡夫船的甲板上有一个长约10米的覆顶无窗的甲板室，室内还有一个长约2米的小间。当初胡夫的木乃伊是否就躺在这个小间里，经过尼罗河被运到大金字塔安葬？或者，胡夫是否打算在"阴间"继续使用这艘船？考古学家至今没有确切的答案。

↑ 风格 根据其两端的形状，胡夫船又被称为纸莎（音suō）草船。纸莎草是一种高高的莎草，古埃及人用这种草造船以及制作绳子、凉鞋、垫子及其他物品。在古埃及王国时期的绘画和雕刻中常能见到纸莎草船，画中的法老坐着这种船去造访圣地，神灵也乘坐纸莎草船。

→ 镶板 古埃及造船师看来刻意地将甲板室设计成能够随意拆卸：甲板室由22块预先做好的、各带架构的香柏镶板构成。一些考古学家据此认为，胡夫船从未打算在现实世界中航行，而是随葬胡夫法老，供他在"阴间"使用。

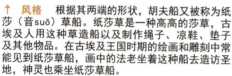

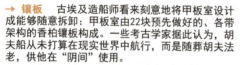

← 船桨 胡夫船上有12把船桨，其中有10把捆绑在甲板室前面的船腹，余下两把系在船尾作为掌舵桨。一直到新王朝时期（胡夫死后1000多年），在很多法老墓葬中的石雕、绘画及船只模型上都有这类船桨。不过，对于前10把船桨确切的放置位置及作用，考古学家至今争论不休。

↑ **用途** 自发现至今几十年来，关于这艘"谜船"的用途至今没有确切说法。有人说它是一艘太阳船。胡夫标榜自己是太阳神的化身，每日坐着太阳船巡游天空。也有人说它是一艘葬礼船，运载胡夫的遗体通过尼罗河前往吉萨大金字塔安葬，或者进行最后一次朝圣之旅。

↓ 甲板 胡夫船的桁架（图中弯曲的木料）内几乎都装了甲板，船桨可能就捆扎在桁架上。甲板本身由用榫头和榫眼接合的镶板组成。从图中可以看出，一个木头构件从甲板室伸出，其上原来可能有一张垫子或一个亚麻天篷。装垫子或天篷的目的可能是通过蒸发作用来降温——打湿垫子或天篷，为甲板室内部空间隔热降温。

大金字塔建造之谜

美国"真相调查者"、玄论者奥尔森说，大金字塔建造得实在是太完美了。从解剖结构上看，大金字塔正好位于世界的陆地中心——大金字塔底面四边分别面向东、西、南、北四个基本方位；大金字塔的纬度正好是北纬30度，即从赤道到极地距离的1/3；从大金字塔底座出发的北—南和西—东子午线所覆盖的陆地区域，比其他任何经线和纬线都大。如此精准的设计与建造，难道不可能有其他超文明参与？

奥尔森还说，40层楼高的大金字塔可能并不是或者并不仅仅是法老的陵墓，从中世纪阿拉伯作家的记述和其他相关史料来看，大金字塔极可能与古代的天谴性超级洪水有关。古埃及人建造

大金字塔是作为他们的知识与智慧的仓库，以应对巨大灾难的降临。

奥尔森称，目前已有多个"独立调查小组"运用石油声呐勘测技术，在大金字塔和大狮身人面像的底下发现了多个相互连接的暗室，这些暗室位于不同的地层，其中最下面一个暗室中应该有一个大型的金属碟状物（暗指外星飞碟）。更重要的是，那些暗室里可能保藏有记录亚特兰蒂斯文明的古代文献，这些文献的最终曝光将无情地改变历史进程。按照奥尔森的说法，埃及当局多次阻止"独立调查小组"成员使用扫描仪和机器人对大金字塔内的迷宫和竖井进行调查，这岂不是更印证了大金字塔内部可能暗藏玄机的说法？

当然，对诸如此类的披着科学外衣的玄论，主流科学界从来都是嗤之以鼻

的。

公元前5世纪，探访吉萨高地的古希腊历史学家希罗多德曾写下一些有关他对大金字塔的观感。在他所著《历史》一书中这样说："胡夫国王听从祭司们的建议，而使得国民陷于水深火热中。他为了自己，强制全埃及的人民工作，更常以10万人每隔3个月交替一次的方式服劳役。仅仅建设那些拖拉石头的道路，就使人民的劳役持续了10年。建造一座金字塔需耗时20年。"书中还记载了有关大金字塔的建造方法："其建筑方法是阶梯式的建筑方法。先造好阶梯，再用木制的起重机举起剩余的石头。或许使用了与阶梯数量一样多的起重机，或许只使用了一台易于移动的起重机，一一地往上移动。"不过，希罗多德是在金字塔建造完成后两千多年才出生的，他的描述未必准确。

1880—1882年，现代建筑学之父、英国的埃及学家弗林德斯·佩特里爵士首次对大金字塔进行了精确测量，测量结果公布在其所著《吉萨金字塔和庙宇》一书中。佩特里认为，大金字塔最惊人之处在于其方位上——底座四边极为准确地面向东、西、南、北四个方向。另外，大金字塔建造工艺的精准性也十分惊人。例如，它的底座四边长度平均误差只有58毫米，底座平整得与水平线几乎完全一致，底座四边的方位与基于真北（非地磁北）的罗盘的四个方位非常接近，误差都在5分以内（1分是1度的1/60），底座正方形的平均角误差只有12弧秒。

有人根据佩特里的调查以及后续的一些研究结果指出，大金字塔最初的高度是280腕尺，底座四边每边的长度是440腕尺，底座周长与大金字塔的高度之比是1 760/280，与2π（π是圆周率，约等于3.14或22/7）相差不到0.05%。这就是所谓的"π之谜"。

事实上，关于"π之谜"，尽管各种文字的表达方式不同，但追根溯源都出自于瑞士人冯·丹尼肯的著作《众神之车》。书中这样写道："这座金字塔的底面积除以两倍的塔高，刚好是著名的圆周率π＝3.141 59，这难道是巧合吗？"对此，有考古学家经考证后指出，古埃及人在测量土地的实践过程中已经掌握了圆周率（但当时并不表示为小数值，而是一个分数，约等于3.16），因此所谓"π之谜"并不成立。

大金字塔建造工艺之精确不得不令人叹服。佩特里曾惊叹：建造大金字塔的石料的放置精确度"与今天的光学仪器制造技师所能完成的不相上下"。

据史料记载，大金字塔刚建成时表面覆盖有一层白色的包石——平顶、斜面、磨得发亮的白色石灰石，大约有11.5万块，都是经过仔细切割而成的，以5掌尺（古计量单位，以手掌宽度3～4英寸或长度7～9英寸为1掌尺）准确限定斜面坡度。在这层包石下面，就是今天所见的大金字塔的阶梯状核心结构（见下页图）。

公元1300年，一场大地震震松了大金字塔的许多外层包石。到1356年，当时的埃及统治者下令将这些包石运走，用于在开罗附近建造寺庙和堡垒。直到今天，在

大金字塔的表面覆盖有一层白色的包石，使之在阳光下看上去闪闪发亮。图为包石残块，早已失去当初的色泽，但仍可看出打磨得非常平整

金字塔的建造者
古希腊人相信，大金字塔的建造使用了奴隶；而现代埃及学家则认为，大金字塔是由至少10万名男性技术工人建造的，这些工人按等级被分为两大群，再按居民阶层被分为五个中群，每个中群有2万人，这2万人又按技术水平进一步划分成小群。

大金字塔底座附近仍然能见到一些包石，它们所反映出的切割工艺和精确度与佩特里等人所描述的完全一致。

　　大金字塔使用的石材来自哪里呢？对此存在多种常常相互矛盾的理论。一些学者认为，建造大金字塔所使用的石灰岩石块是在大金字塔建造现场，运用一种"石灰岩混凝土"打磨而成的。这一理论遭到了大多数埃及学家的反驳，他们认为这些石块主要来自于大金字塔建造现场附近的采石场，外层包石则是通过河道远道运来的。至于这些石块究竟是被拖到位、举到位，抑或滚到位的，学者们其说不一。

　　是什么人建造了大金字塔呢？关于这个问题，古希腊人相信，大金字塔的建造使用了奴隶；而现代埃及学家则认为，大金字塔是由至少10万名男性技术工人建造的。

大金字塔内部结构之谜

今天的旅游者并非通过原来的入口进入大金字塔内部，而是通过一个于公元820年前后打通的通道，它平直地插入大金字塔塔体近27米。而大金字塔原本的入口位于地面上垂直方向17米、金字塔中轴线以西7.29米。从入口进去，往下便是高0.96米、宽1.04米的下降通道，它以26°31′23″的角度下降105.23米后，变成水平通道，再向前延伸8.84米，到达地下墓室。不知为什么，地下墓室并未

完工。由于在地下墓室的地面发现了一个坑，一些埃及学家推测，在最初的设计中，地下墓室才是真正的墓室，但胡夫法老后来改变了主意——他想把自己葬在大金字塔中高一点的位置。

在下降通道的顶部，有一个方形孔洞，洞口被一块石板遮挡，这里就是上升通道开始的地方。上升通道长39.3米，高度和宽度与下降通道一样，上升的角度也与下降通道下降的角度几乎一样。

上升通道直达大走廊。在大走廊底端的墙上有一个洞，是一个竖井的入

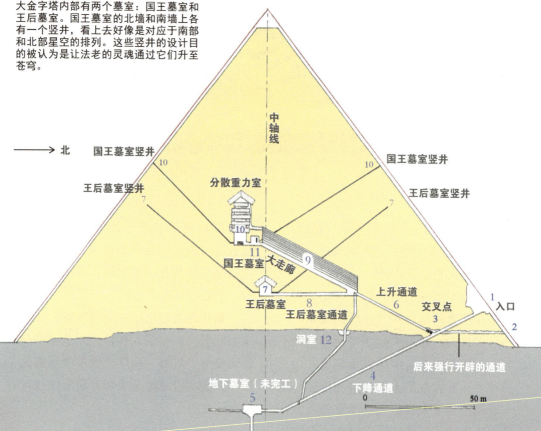

大金字塔内部结构（示意图）
大金字塔内部有两个墓室：国王墓室和王后墓室。国王墓室的北墙和南墙上各有一个竖井，看上去好像是对应于南部和北部星空的排列。这些竖井的设计目的被认为是让法老的灵魂通过它们升至苍穹。

口，这个竖井沿着不规则的路径最终与下降通道相连。在大走廊底端的墙上还有一条水平通道，直接通往王后墓室。

王后墓室位于大金字塔北面和南面的正中间，从北到南长5.75米，从西到东宽5.23米，墓室顶为尖顶，顶部最高处离地6.23米。在王后墓室的东端，有一个高4.67米的壁龛，其最初深度为1.04米，但后来被拓深，据推测可能是盗墓者所为。

在王后墓室的北墙和南墙上都有竖井，但这些竖井既不与王后墓室连接，也不与大金字塔的外壁连接，关于它们的用途至今没有答案。1992年，德国工程师鲁道夫·冈特布伦克运用他自己设计的爬行机器人对王后墓室的一个竖井进行探测，结果发现竖井被一扇石门所阻挡。几年之后，美国国家地理学会设计了一个类似的机器人，它在王后墓室的南门上钻了一个小孔，结果发现后面还有一扇更大的门。

在大走廊的顶端放置了一些石板，石板的角度略微倾斜，每块都嵌入一个狭槽中，就像棘轮的轮齿一样，这样做的目的是让每块石头都由大走廊壁支撑，而不是直接压在下面的石块上，这样就避免了大走廊底端的总压力超过临界值。古埃及人能想到这一点，真是匠心独具。

在靠近大走廊顶端的地方有一个洞，是一个短通道的开口，从这里可以到达下面的一间被称为"分散重力室"的结构。1837年和1838年，霍华德·维斯上尉和J.S·佩宁分别使用炸药炸开通道，发现了很多这样的分散重力室。大走廊

机器人将再探 大金字塔神秘通道

2010年8月，英国利兹大学的一个机器人团队宣布，他们与埃及最高文物管理委员会合作，计划用机器人破解有关大金字塔的一个长久奥秘。

大金字塔腹心有两个墓室，分别是国王墓室和王后墓室。两座竖井以45度角从国王墓室升起，一直贯穿这座金字塔的外壁。这些竖井的设计目的被认为是让法老的灵魂通过它们升至苍穹，这样法老就能在群星之间坐定自己的位置。王后墓室也有两座竖井，但它们未连通到金字塔的外壁。

没有人知道这四座竖井的真正用意。1992年，一架相机被送入王后墓室的南竖井里，结果发现这座竖井在延伸到60米的地方时被一扇有两个铜把手的石灰岩石门封住。2002年，科学家用机器人钻穿这扇石门，结果发现在它后面20厘米处还有第二扇门。与第一扇门不同的是，第二扇门看起来就像是想掩盖什么东西。至于王后墓室的北竖井，它在延伸18米后折弯45度，在延伸到60米的地方也被一扇石门堵住。

这一次，科学家打算向北竖井派遣机器人，一直探索到这座竖井的尽头。机器人将钻穿竖井中可能存在的所有门，以查明门背后到底有什么。这项计划名为"德耶迪工程"，得名于胡夫法老当年筹划建造大金字塔时咨询过的术士德耶迪。

"德耶迪工程"计划的实施时间原定于2010年12月底，但后来却再无该计划实施的消息。科学家此前表示，"德耶迪工程"很重要，但更重要的是，如何保证这项工程的实施不会对大金字塔造成不必要的损坏。事实上，埃及有关方面曾多次叫停机器人探测大金字塔，理由正是担心对大金字塔造成损坏。但玄论者质疑说，如此叫停的理由根本就不成立，只能说明大金字塔内可能暗藏玄机。

大走廊连通王后墓室

地面的中间是坡道，两侧是台阶，台阶上各有27个狭槽，分别与大走廊壁上的垂直或水平的狭槽相对应。目前仍不清楚这些狭槽是用来干什么的。有考古学家推测，大走廊中至少设置了3扇石门，用于封堵上升通道，狭槽是用来放置木头横梁的，以阻止石门滚落。

国王墓室从东向西长10.47米，从北到南宽5.234米。墓室顶为平顶，离墓底5.974米。在国王墓室的北墙和南墙上各有一个狭窄的竖井，这些竖井的用途目前仍不清楚，它们看上去好像是对应于南部和北部星空的排列。不过，其中有一个竖井在大金字塔内部折线前行，据此看来，大金字塔的建造者无意让人们通过这些竖井仰望星空。埃及学家们此前一直认为大金字塔内的这些竖井是"通风井"，但现在他们越来越相信这些竖井具有宗教目的，旨在让国王的魂灵升到天堂。而一些玄论者则据此宣称，大金字塔具有高深的星相学意义，他们无限夸大古埃及人的天文智慧，甚至把大金字塔同所谓的"超级文明"亚特兰蒂斯和外星人联系起来，而他们这样做的目的无非是耸人听闻。

国王墓室的表面覆盖着花岗岩石板，墓室的平顶由9块石板组成，总重量约为400吨。在墓室顶的上方一共重叠有5间分散重力室，除最上面的一间是尖顶外，其余的都是平顶。这些分散重力室现在分别被称为"戴维森室""惠灵顿室""阿巴斯诺特夫人室"和"坎贝尔室"等。建造这些分散重力室的目的是什么呢？维斯上尉当初

粗劣的石棺
国王墓室中唯一存有的东西是一具长方形的花岗岩石棺，制作粗糙，多处地方打磨痕迹清晰可见，与在同一时期其他金字塔中发现的精美石棺相去甚远。据推测，胡夫法老原本有一具质量上乘的石棺，但在从阿斯旺北上的运输途中失落在了尼罗河里，于是只好匆匆赶制了一个替代品。

用一根芦苇穿过了一间分散重力室的顶部裂缝，他因此怀疑上面还有墓室存在。但现在的埃及学者认为，建造这些分散重力室的目的可能是为了防止国王墓室因上层石头重压而坍塌。正因为这些墓室不准备让人看见，所以它们都没有完工，在一些石头上甚至还保留着工匠的记号。"坎贝尔室"中的一块石头上有一个记号，提及大金字塔和胡夫法老的关系，因而成为大金字塔内发现的唯一此类物证。

令人不解的是，国王墓室中唯一的物品是一具长方形的花岗岩石棺，而且制作粗糙，多处地方打磨痕迹清晰可见，与在同一时期建造的其他金字塔中发现的精美石棺相去甚远。佩特里推测，胡夫法老原本有一具质量上乘的石棺，但在从阿斯旺北上的运输途中失落在尼罗河里，于是只好匆匆赶制了一个替代品。

规模宏大、结构复杂的大金字塔的确充满众多的未解谜题。目前科学家正打算使用新型机器人进入大金字塔内部，以期破解更多的谜题。当然，玄论者们也会继续在大金字塔上大做文章。

（吴青　汪琳）

揭秘诅咒

把咒语刻在碑上，用针刺布娃娃……古人用各种巫术祈求神灵或其他超自然力伤害他人，同时也使用巫术为自己祈福，包括祈求爱情。最新考古研究揭秘古代巫术。

诅咒是巫术的一种。诅咒的目的多是祈求神灵或其他超自然力给诅咒发出者的敌人或对手带来不幸。但也有使用诅咒祈福的，比如祈求获得爱情（准确地说是夺取爱情）。诅咒的形式有多种，包括咒语、符咒、蛊毒等。2012年，考古学家连续发现了多个制作于古希腊-古罗马时期的诅咒碑，这是在整个古希腊-古罗马时期流行的一种诅咒形式。

这是考古发掘出土的一面古希腊诅咒碑

诅咒碑

2012年1月，考古学家破解了收藏于美国普林斯顿大学艺术博物馆的一块诅咒碑，这块已有近2000年历史的碑于20世纪30年代发现于土耳其南部城市安提俄克（古叙利亚首都，曾经是罗马帝国最大城市之一）。在碑的两面都刻着咒文，其中一面请求神灵去"捆绑蔬果贩子巴比拉斯"，另一面请求神灵把这块碑扔到井里"淹死"，然后以同样的方式淹死巴比拉斯。咒文中还写明了巴比拉斯的住址。考古学家推测，诅咒发出者应该是巴比拉斯的商业竞争对手。

罗马皇帝奥古斯都的侄孙裘曼尼葛被相信是被巫术杀死的

同年5月，考古学家在意大利一家博物馆所藏文物中发现了一块诅咒碑，它隐身在那里已有近百年，直到不久前才被再度发现，其年代被追溯至1600年前。考古学家对碑上的文字进行了解读，其内容是请求神灵去捆绑一个已成为木乃伊的男子。神灵赤脚立于石碑最显著位置上，双手交叉在腹部，胸部有一套符咒，下身有一个八角星——这是魔神的标志。一条蛇从魔神头上的王冠

在凯撒利亚（以色列一座著名的罗马时代古城遗址）发现的铅符咒碑碎片

中冒出，被诅咒的木乃伊就躺在魔神的下方。

同年8月，考古学家在英国一座古罗马寺庙遗址中发现了一块诅咒碑，上面的文字是请求神灵给超过14人带来厄运。考古学家推测其年代在公元3世纪，咒文的内容目前仍在破解中。

发现古代诅咒碑其实不是什么稀罕事情。1995年，考古学家在犹太国王希律王（公元前73年一前4年）王宫遗址的一口井里发现了50多块古罗马时期的诅咒碑，年代被追溯到公元1世纪之前，那时这座王宫是罗马省长朱迪亚的总部。在这些碑上刻着咒文和一些人的名字。考古学家认为，制作这些诅咒碑的目的，要么是影响朱迪亚的裁决庭的判决结果，要么是影响附近的竞技场的比赛结果。

1997年，考古学家破解了1972年在死海岸边的杰迪镇遗址发掘出土的一块诅咒碑，它被刻在一个犹太会堂的马赛克地面上，年代是公元4世纪，碑文内容是警告窃取"本镇秘密的异邦人"。考古学家认为这个诅咒与当时当地盛产凤仙花精油有关。在古罗马时代，凤仙花精油被用于制作镇痛剂和备受古罗马人推崇的香水。研究认为，在古罗马时期的杰迪镇，在靠近凤仙花树林的地方有一座小院，凤仙花树的树叶和树皮从附近的林地运至小院，经水煮后放进水池里，凤仙花树精油从水池流出。

2007年，考古学家在英国莱斯特市发掘出一个名叫塞万杜斯的罗马人请人制作的诅咒碑。塞万杜斯生活在大约1700年前的英格兰，他因斗篷被人盗走

而心里不爽，就请求神灵帮他毁灭这个贼。碑上用拉丁文写着："神啊，请你一定要在他偷了我——塞万杜斯的斗篷的第九天之前毁掉他。"碑文中有19个嫌疑人的名字。

迄今，考古学家已发现了成百上千块这样的诅咒碑。事实上，这种巫术流行于整个古希腊-古罗马时期。诅咒发起人在铅碑（用铅制成的诅咒碑）上铭刻咒文，然后将铅碑卷起（以隐藏咒文），钉在寺庙的墙上，或投入墓穴、水井、喷泉里。

黑色诅咒

2003年3月，考古学家在意大利罗马发掘出土了一座奉献给女神安娜·裴伦娜（一个古老的神灵）的喷泉，并在喷泉的底部发现了一些用于诅咒的小雕像和铅碑，时间是14世纪。考古学家在一个装雕像的铅罐上找到了一枚指纹，经检验属于一名女性。这是一个重要发现，因为它支持了考古学家从古文献中获得的一种印象——古罗马女性经常充当专业女巫。

在由2世纪作者奥普留斯创作的一部小说中，生动描绘了女巫的工作："她首先在自己的致命实验室里布置一张常见的女巫桌子，上面摆放着各种香料、铭文字词无法解读的饰板、不吉鸟残骸，以及多块已下葬尸体的残骸。这些残骸五花八门：这一堆是鼻子和指头，那一堆是从被钉死者身上取下的仍覆盖着血肉的钉子，还有一堆是保存下来的被谋杀者的淤血、被肢解的头骨

和从野兽嘴里扯下的牙齿。然后，她对着还在动的内脏念咒语，同时敬奉不同的液体……接下来，她把毛发结成辫子，把它们放在煤火上，和燃香一起焚烧。"

小说虽属虚构，但无疑反映了一定的事实。事实上，诅咒现象在古代世界甚至近现代都不鲜见。在古人看来，从不育症到政治暗杀，都可能被归因于诅咒。公元前1世纪晚期，一位罗马诗人哀叹自己的生育能力被诅咒了："我是诅咒和诅咒草药的悲惨受害者，到底是哪个巫婆在红蜡图像上诅咒我，还把针尖插入我的肝脏？"

古罗马历史学家塔西佗记录了公元19年罗马皇帝克劳狄一世死亡时的惊人发现："在他的宅邸的地面和墙上，发现了人骨骸、咒语、符咒、刻着他名字的铅碑、烧焦并浸血的灰鲸，以及其他据信是灵魂在墓中行使权力的工具。"罗马当局最终以谋杀皇帝的罪名处决了一名妇女，一对参议员夫妇也因涉案而自杀。

已发现的古希腊-古罗马诅咒碑（古希腊人称之为"绑紧诅咒"，拉丁人称之为"捆死诅咒"）的内容大多与体育竞赛和法律诉讼有关。在一块古罗马时期的铅碑上如此要求魔鬼们："把蓝队驾马车者维多利克斯的每只手脚、每根筋还有他的马都严严实实捆起来，捆住他们的猛冲、他们的跳跃、他们的奔跑。捆住他们的眼睛，这样他们就看不见。扭曲他们的灵魂和心脏，这样他们就不能呼吸。就像被绑住了脚的公鸡，明天一定要把维多利克斯

这是一座公元前1000多年的古埃及石碑，其上的铭文内容是庆祝有人把一块地捐给寺庙，并诅咒任何想把这块地用作不良用途的人

的腿、手、头都绑起来。"而在一块古希腊时期的铅碑上则这样写着："屠户底根斯，我绑住他的舌头、他的灵魂和他的说话能力。皮西亚斯，我绑住他的舌头、他的灵魂和他的说话能力。我绑住皮西亚斯老婆的舌头、她的灵魂和说话能力。我还要绑住屠户克基昂和屠户多吉莫斯，绑住他们的舌头、灵魂和说话能力。我也要绑住基里亚斯，绑住他的舌头、灵魂，不准他和底根斯说话。还有菲勒克勒斯，我绑住他的舌头、灵魂和他交给底根斯的证据。所有这些人（的名字）我都要绑起来，藏起来，埋起来，还要钉上钉子。如果他们要在法庭或仲裁人面前提起反诉，

就让他们的言行起不了任何作用。"显然，这场官司涉及数名证人，诅咒的目的是想让这些知情者闭嘴。由于古希腊妇女不被允许在雅典法庭作证，所以连证人的老婆也遭到诅咒。

类似的诅咒在古希腊和古罗马世界相当盛行。那么，当时社会能容忍这种伤害他人的行为吗？在柏拉图于公元前4世纪写的一部对话作品中，一个角色宣称："如果一个人被相信使用符咒、咒语或其他任何恶毒形式充当伤害者，就算他是先哲或圣人，也一定会受死。"而古希腊和古罗马法律则强调，只有那些将诅咒用于人的身上的人才会遭到惩罚。

夺爱符咒

诅咒碑的主要用途是诅咒对手和敌人，但也不完全是，比如有的诅咒的目的是：夺取爱情。

恋爱与夺爱是一个永恒的主题，这就难怪夺爱符咒在科学认知水平低下的古希腊-古罗马时代大为流行。考古研究发现，大多数古希腊人和古罗马人都相信爱情是可以通过诅咒获得的东西。在一块古埃及陶片上雕刻着这样的咒文："让火炬燃烧阿罗丝的灵魂和她的身体，直到她离开阿波隆尼乌斯的家。让阿罗丝发高烧，让病痛无休止地折磨她，让她吃不下饭，彻底麻木。"考古学家在一具古埃及木乃伊的口中发现了一块卷起来的诅咒铅碑，其上的咒文是："魔神啊，烧她，毁她，让她在毁灭过程中从糊涂的爱中醒来。折磨、刺

激卡罗莎的灵魂和心脏，直到她奔跑到阿帕罗斯面前，带着激情和真爱。不要让她想别人，也不要让她想吃的喝的，只让她渴望得到阿帕罗斯的爱。"在这块铅碑里包裹着几缕红褐色的头发。考古学家还发现了一个古罗马时期的符咒：用纸莎草纸包裹着的一对相拥的蜡制男女雕像。写在纸莎草纸上的咒文如此指导神灵："抓住尤菲米娅，带她到我——塞翁面前，让她疯狂爱上我。用金刚石做的锁链死死捆住她，不准她吃喝，也不准她睡觉，不准她笑，直到她爱上我。烧她的四肢和身体，直到她不再不服从我。"

最让人困惑不解的爱情符咒或许是一座年代可追溯到3世纪前后的古埃及石膏女性雕像。"她"跪在地上，双臂被绑在背后，身上很有章法地钉了13根针。这座雕像被用一块刻着咒文的铅碑包裹后封进一个罐子里。咒文的内容是："把普托里麦丝带给我吧。不准她吃饭喝水，直到她来到我——萨拉帕蒙跟前。不准她爱上别人，只准她爱我。扯她的头发，让她肝肠寸断，直到她不再理我。"在发现于埃及的一本同时代的魔法书中，写着几乎一模一样的咒文，它告诉执行诅咒的神灵应该刺穿雕像上的哪些部位以及怎样念咒。显然，其目的是让雕像所代表的女子在无限痛苦中记住诅咒她的男子。

巫术溯源

虽然现在已经很少有人公开施行蛊毒（也叫放蛊、蛊惑，指用针扎代表敌人、对手或心仪却得不到者的布娃娃、草娃娃或雕像）等巫术行为了，但在人们的潜意识里也许还继续在这么做着。最近，有研究者做了这样一个实验：让受试者破坏自己童年时期的照片，同时监测他们手掌心出汗的情况。这个实验基于这样的原理：人类的大脑难以区分表象与真实，因此破坏一件代表受试者童年的物品，比如受试者小时候睡觉用过的毯子的照片，有可能让受试者产生自己也受到了伤害的感觉。同理，对搞巫毒的人来说，针扎巫毒娃娃就等于在刺它所代表的仇家。

为什么在科学技术高度发达的今天，还会有人相信灵魂、命运、超自然力等虚无缥缈、荒诞不经的东西？学者们提出了多种理论。

有人从人类的直觉上加以解释。在2008年的一次拍卖会上，一位匿名投标者以5 300美元的价格买走了好莱坞女星

蛊毒之类的迷信在一些国家有不少受众

斯嘉丽·约翰森的一张沾满鼻涕的手绢。尽管大多数人对这种过分的偶像迷恋不以为然，也表示自己不会把钱花在明星的肮脏纪念物上，但的确有一些人会做出这样荒唐的事情。类似的例子还有：有人相信摇滚歌星约翰·列侬的那台白色钢琴比非名人所拥有的一台完全一样的白色钢琴珍贵得多；有人更愿意穿好朋友的夹克而不愿意穿一个连环杀手的相同的夹克，哪怕它已经被洗得干干净净。有研究认为，这些古怪甚至荒唐的行为都源自于人们的直觉：相信一个人的私人物品携带着这个人的精气真髓。

那么，直觉是什么？有科学家从人类演化的角度加以分析并指出：直觉是从人类祖先避开病菌的原始行为演化而来的。依靠直觉，人们会本能地避开病菌（虽然不一定知道它们是什么），害怕有病人在我们吃某样食物前碰过它，或者在我们穿某件衣服前穿过它。演化出这种直觉对人类不无益处，因为它能增强一个人的健康水平并增加其存活下来的概率。但是，人类祖先并不知道病菌是怎么一回事，因此演化出的直觉既有正面的，如对跳蚤等的认知，也有负面的，如因偶然事件、巧合、无知产生的对巫术等的迷信。

也有人从因果关系上来解释巫术迷信的产生，认为它是人们对因果关系认知的副产物——如果有两个事件A和B，如果A发生于B之前，而B的发生没有其他的明显原因，A和B在概念上又彼此相关，那么，人们就很容易认定是A导致了B。就像踢足球，如果你在足球飞起来之前动过脚，就可能会很自然地认为是你的脚导致了球的运动。对于某件事，如果你在它发生之前想过它，你就可能会认为你的想法对它施加了影响。

有学者指出，一切巫术（魔法）的背后都有人的直觉：一切事情皆有原因。人们偏好于把发生的事件视为刻意出现的，因此当某件事发生时，人们就容易假定其背后一定有诱因；如果找不到任何生物方面（人或动物）的诱因，人们就容易假定存在某种看不见的诱因，如鬼神、命运等。

人们相信巫术还有一种可能性：被这样一个事实给弄糊涂了——现实世界中原因常常像是结果。比如一道闪电导致了一声惊雷，一根红蜡笔画出了一道红线，孩子长得像爸妈……人们可能因此而颠倒因果关系，以为把飞镖掷向仇家照片，把针扎进象征仇家的布娃娃，就会导致与动作相似的结果。如果你也在干这样的事，那么需要提醒你：这是不理智的，也是徒劳的。

（刘安立）

制造一具现代木乃伊

据媒体2011年10月报道，一名英国出租车司机的遗体被制作成了木乃伊，其制作方法与古埃及法老木乃伊的制作方法是一样的。那么，现代木乃伊的制作方法与古埃及木乃伊有什么异同？古埃及人为什么要制作木乃伊？本文为你揭开有关木乃伊的种种奥秘。

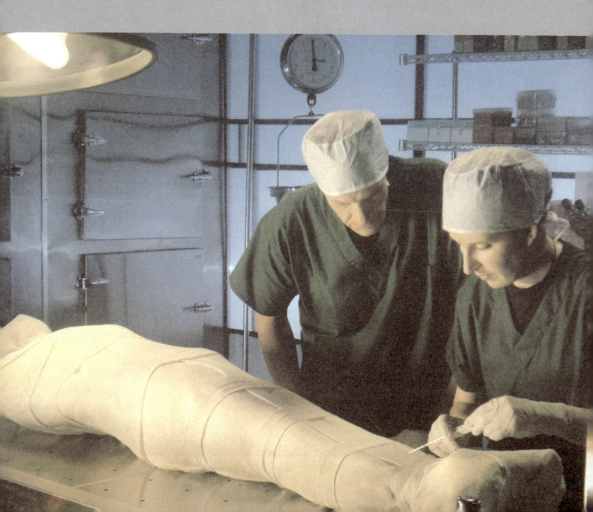

制作现代木乃伊

采用"改良"的古埃及人的方法，他们被制成了现代木乃伊。

据媒体报道，英格兰西南部城市托基的出租车司机阿伦·比利斯的遗体已按照其遗愿被制作成了木乃伊，制作方法与制作图坦卡蒙法老（死于公元前1324年前后）木乃伊的方法是一样的。

62岁的比利斯于2011年1月死于肺癌，医学专家按照史料所载古埃及人制作木乃伊的方法，在他的遗体左腹切开一道约8厘米长的口子，取出除心脏外的所有重要脏器，然后用酒精消毒遗体，用多个亚麻包填充遗体以恢复原来的体形。接下来，用蜂蜡和芝麻油涂抹整具遗体，再把遗体放入盐浴液中浸泡5周，让遗体彻底脱水。再下一步，是在模拟埃及高温、干燥气候条件的一个特殊房间里让尸体进一步变干。接着，用亚麻绷带包裹尸体，让它继续变干，同时保持肢体完整，避免光线和昆虫侵扰。经过如此这般制作后，比利斯遗体的皮肤变得就像皮革一般。专家根据这具木乃伊迄今的保存状况，推断它应该能保持完整达数千年。

英国媒体声称，比利斯的木乃伊是完全遵从古埃及人的方式制作的。但事实上，早在1994年，就有一名死于心脏病的70多岁的美国男子被人按照古埃及人制作木乃伊的方法制作成了木乃伊。以下是当时媒体对此事所作的详尽报道。

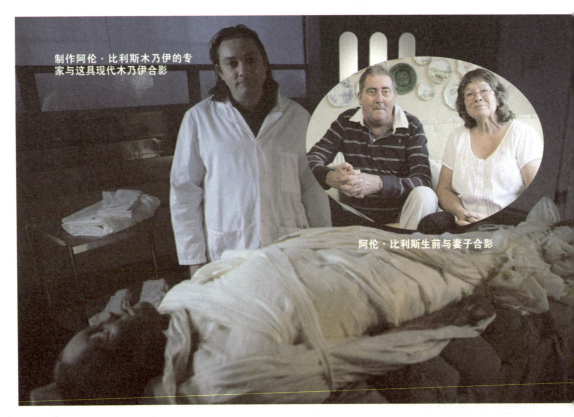

制作阿伦·比利斯木乃伊的专家与这具现代木乃伊合影

阿伦·比利斯生前与妻子合影

当时，研究古埃及象形文字和墓葬多年的美国纽约长岛大学的古典学者鲍勃·布莱尔向马里兰州大学解剖部主任罗恩·韦德求助：他想制作一具真正的木乃伊。韦德答应与布莱尔一起，运用古埃及人的方法和工具联袂制作一具现代木乃伊。几个月后，他们得到了一个完美目标：一位死于70多岁、体重85千克、相对健康、体格完整、志愿捐献遗体的匿名男子。那么，怎样才能把他的遗体制作成木乃伊呢？

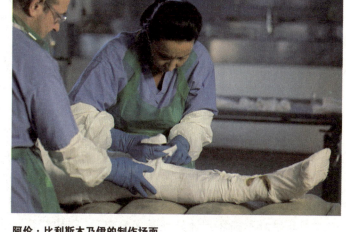
阿伦·比利斯木乃伊的制作场面

古希腊史学家迪多鲁士和希罗多德留分别于公元前65—前57年和公元前5世纪游历过埃及，他们关于埃及葬礼的描述一直流传至今。据他们描述，并非所有木乃伊都是平等制作的。穷人的尸体通常只经过简单地抹油，用泡碱或针叶树的树脂覆盖（这两种化合物都能吸走尸体的水分，而水分对导致尸体腐败的细菌来说是必需的），再用单层亚麻包裹后，放入地洞、山洞甚至沙漠中，陪葬物包括棍棒、一些财产和护身符。而对权贵来说，不仅木乃伊制作方法精细，葬礼排场也大得多，法老的葬礼更是达到了登峰造极的地步。据说，法老去世后的70天是致哀期，在此期间，人们的正常生活停摆，不能洗澡、喝酒、吃肉，不能从事任何娱乐活动。与此同时，法老的遗体被制作成木乃伊。

在古埃及，木乃伊制作很可能是一种家族产业，制作技术代代相传。而迪多鲁士和希罗多德的记述成为现代人了解古埃及木乃伊制作方法的唯一依据。

两位古希腊史学家所描述的古埃及木乃伊制作方法，给今天的人们带来了种种疑问，布莱尔和韦德决心回答这些疑问：制作法老木乃伊为什么要花70天时间？古埃及人是怎样做到在不损坏尸体外观的前提下，移出死者的大脑和内部脏器的……他俩着手进行试验。

首先，取出大脑是一个关键步骤，因为不能损坏死者的面部。据希罗多德的描述，古埃及人使用金属钩子，把脑组织一块一块地拖出来。但韦德和布莱尔发现，脑组织的密度不够，太湿，像液体，不可能用希罗多德所说的方法取出。为此，他俩先在几具割下的头颅上试验了多种办法，例如把水灌进脑腔，但这对眼睛造成了压力。他们最终采取的方法是，去掉头盖骨，把"大脑搅拌器"（长约20厘米、直径相当于铅笔的一半的带钩子的铜器）通过鼻腔插入颅腔，然后旋转搅拌器，让带有一点点血的粉红色脑组织流出来。为了清洁头骨，他们还用亚麻条缠在搅拌器的钩子末端，以擦掉剩余的组织和水分。之后，他们用涂抹了乳香的亚麻填充颅腔。乳香取自阿拉伯和东北非产的各种橄榄科乳香属树的树脂，是古埃及人用来制作木乃伊的七种圣物之一，其余的包括没药、香柏、忘忧树和棕榈酒等。

接下来是取出并保存内部器官。古埃及人认为大脑不重要，因而丢弃，但他们相信死者将在来世使用自己的躯体，因此尽量不损坏尸体外观是十分重要的。那怎样才能通过尸体腹部仅长8厘米左右的切口取出脏器呢？按照希罗多德的描述，切口是用锋利的圣石割开的。所谓圣石可能就是黑曜石，这种黑色的玻璃般的火山岩石磨出的刀锋甚至比外科手术刀还薄还锋利。

在尸体上切开口子后，他们将一把小铜刀伸进去取脏器。最先取出的是一段肠子和胰腺，接着是脾、肾、膀胱和其余肠子，然后是胃和肝脏，再后是肺。肺就像湿海绵，可以压缩，所以取出肺的难度不大。但肺与心脏相连，要取出肺必须切断两者之间的血管。心脏被古埃及人认为是思想和灵魂的汇聚点，当死者在阴间求见冥神俄赛里斯时，死者的心脏要被称重。如果心脏轻如真理之神玛亚特的羽毛，死者被众神接纳的可能性就很大。

下一步，29袋由亚麻包裹的泡碱被塞进尸体内部。泡碱袋的作用除了收集水分、加速干燥和去除异味外，还可以保持人体的自然轮廓，这对于死者从阴间"复生"更有利。随后，尸体被放在木头平台上，用泡碱覆盖。脾、肝、肾、肺和其他器官被放在周围的大浅盘上，它们也像用盐腌肉一样被泡碱覆盖。正如盐能保存和干燥肉一样，用263千克泡碱就能吸干一具尸体的水分，使之不受细菌侵犯。放置尸体和其他器官的平台被推进温度保持在32.2～41.7 ℃的防腐准备室，两部除湿机每天24小时地连续工作35天，以此复制埃及沙漠的干热条件。

到第35天正午，防腐准备室的大门被打开。此时，泡碱因吸收了液体而变湿，在尸体顶部凝结成白色的沙粒状物，闻起来有湿沙子的味道。摘除器官后，原重70.8千克的尸体现在只重35.8千克，减少了一半。通过切口，泡碱袋被取出。

至此，尸体已经变得僵硬、萎缩、发黑，不再是一个人，而是一个物体，也即大多数人所认为的木乃伊。接下来就是要为木乃伊美容。先用在乳香、没药、香柏、莲花和棕榈酒等调制的液体中浸泡过的亚麻条涂抹木乃伊的皮肤，然后用亚麻条包裹木乃伊，再用少许用香柏树脂制成的漆来固定木乃伊。

根据古文献，尸体首先要在泡碱中埋35天，然后暴露另一个35天——这也许是为了让人们悼念或进行其他相关的仪式和活动。不过，在这一阶段，布莱尔和韦德没有遵照古埃及传统，而是等候了140天，直到木乃伊失去更多的水分。

现在木乃伊的重量只有大约30千克，是完成最后的包裹并在包裹布上题写祈福语的日子了。木乃伊的每根手指、脚趾和四肢都单独包裹，每完成一

阴间审判

古埃及《死亡书》中包括对包裹木乃伊的记载。《死亡书》有多卷，旨在帮助"阴间审判"。图为《死亡书》中典型的审判场景：死者的心脏被称重，与代表真理的羽毛比较重量，由此决定死者的命运。狮子模样的阿米特神蹲在左侧的底座上等待判决结果，如果判决结果是处罚，它就会吞掉死者心脏。位于秤旁的月神透特负责记录这场审判。女死者自己则正在冥神俄赛里斯面前呈献供品。俄赛里斯背后站着他的妻子伊希斯（生育神）和他与妻子的妹妹妮芙提丝。

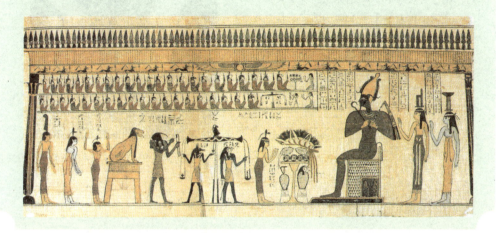

次包裹，布莱尔都按照文献所讲的那样念祷语，例如："哦，双重强大、永远年轻的西方女主人和东方女主人，您在阴间逝者的头上呼吸吧！"对古埃及象形文字已算熟悉的布莱尔承认，真正的祷语尚未完全破译，他念的只是大概，权当是个形式吧。

最后一步就是把木乃伊的双臂交叉于它的胸部，这也是许多古埃及木乃伊的姿势。然而，由于此时尸体已经脱水变硬，让双臂保持这种姿势很难，木乃伊的手臂只能放于身体两边，如同来自古埃及旧王国时期的粗制木乃伊一样。

这具木乃伊看上去很瘦弱，很难想象死者生前的魁梧。木乃伊的左右肩膀和双脚旁各立着一只与古埃及时期相同的"卡诺皮克罐"，每只罐子里都装着脱水的器官。木乃伊胸骨上放着一个古埃及人作为护身符的圣甲虫饰物，其上还有一只朱鹭，两者都是太阳重生的象征。

如今，这具木乃伊已在室温下放置了20多年，仍未显示出任何腐败迹象。布莱尔和韦德将他们制作的木乃伊的组织样本分发给了各路科学家。这或许就是他们制作这具现代木乃伊的意义之所在：不仅有助于澄清有关古埃及木乃伊制作的一些疑问，还可以帮助科学家测试对古埃及木乃伊进行研究的技术。

古埃及人为什么要制作木乃伊

现代木乃伊破解法老身份

2007年，埃及最高文物管理局希望通过比对古埃及女法老哈特谢普苏特的父亲和祖母的木乃伊DNA样本，查明一具疑为哈特谢普苏特的木乃伊是否属于哈特谢普苏特。为了避免珍贵的木乃伊被毁坏，埃及方面需要一位信得过的、能够从木乃伊分离出DNA的科学家。

英国曼彻斯特大学生物医学家兼埃及学家安杰莉卡，对来自韦德和布莱尔制作的现代木乃伊的组织样本进行试验，发现可以从木乃伊的骨骼中找回大量DNA。在一间无菌室里，她用一根活检针从那具埃及木乃伊身上提取到DNA，并最终证实它正是属于哈特谢普苏特。这是古人类研究和古埃及考古史上的一个里程碑式的重大突破。

把自己装扮成男性模样的女法老哈特谢普苏特

古埃及人如何制作木乃伊？

根据希罗多德记载，在"防腐屋"，尸体被摆放在一张木桌上，准备取出大脑。为了进入颅腔，防腐师必须用一个凿子锤穿尸体的鼻骨，然后把一根长长的铁钩插进脑腔，缓缓地钩出大脑物质（这一记载可能并不准确）。在大部分的大脑物质被取出后，防腐师就用一把长勺子舀出剩余的大脑物质。最后，用水清洗头骨。令人吃惊的是，大脑竟然是古埃及人不愿保存的少数脏器之一，因为他们并不清楚大脑的功能是什么，认为死者在来世无需大脑。

希罗多德还记载，移出大脑物质后，防腐师就拿一个由黑曜石（一种圣石）特制的刀刃，沿着尸体左侧割一道小口子，通过这个口子小心翼翼地取出腹部器官，并且把这些器官一个一个地单独放置，其中只有肾脏例外，因为古埃及人觉得肾脏不重要。取出这些器官后，防腐师又切开尸体的横膈膜以取出肺，心脏则留在死者体内。防腐师对死者除心脏之外的其他器官进行清洗，用树脂覆盖，用亚麻条包裹后储存在装饰精美的陶罐里。这些被埃及学家称之为"卡诺皮克罐"的陶罐，被认为能保护死者的脏器前往下一个世界。

取出腹部器官后，防腐师就用棕榈酒清洗空空的胸腔。接着，为了让死者形态一如生前，防腐师用燃香和其他材料充填尸体的胸腔，从而避免皮肤随着尸体脱水而缩进胸腔。

在取出脏器并充填尸体后，防腐师就把尸体放在一面斜板上，用泡碱将尸体全部覆盖。泡碱是一种钠混合物，古埃及人从沙漠以西的尼罗河三角洲岸上采集天然泡碱和炽热的沙子。与最早期的埃及木乃伊脱水不同的是，泡碱吸收水分但不会让尸体的皮肤变得太黑、太硬。

防腐师将尸体留在泡碱粉末中35～40天，以便有足够时间来让尸体彻底变干。在此期间有人值守，以防尸体的强烈异味引来沙漠食腐动物。35～40天后，尸体被送入"净化屋"。在这里，防腐师移走充填尸体内腔的燃香和其他材料，重新填之以泡碱、浸过树脂的亚麻条及其他多种材料。在某一时期，防腐师还会在尸体四肢和头部的皮肤下面填充材料，以让脱水的尸体看上去更生动。填充完毕后，防腐师缝合切口，用树脂层覆盖体表，以阻止水分进入尸体内部。至此，就可以包裹尸体了。

包裹尸体是一个十分复杂的过程，通常要花一两周才能完成。在死者尸体于沙漠中变干期间，其家族要收集大约370平方米的亚麻布交给防腐师。权贵阶层有时会在亚麻布中包裹圣像雕塑，较低层人士则收集旧衣物及其他家用亚麻布。亚麻布送达后，防腐师挑选其中品质最好的材料，切割成8~30厘米长的亚麻条或称"绷带"。

接着，防腐师用一张裹尸布包裹尸体，用绷带

古埃及木乃伊制作场面（示意图）

裹缠尸体的不同部分。这一过程是很有章法的，通常从手和脚开始，每根手指和脚趾都单独包裹，然后是头部、双臂、双腿及躯干，最后是整体包裹尸体。添加新的包裹层后，防腐师要用炽热的树脂材料覆盖绷带以固定绷带位置。在整个过程中，防腐师都要念符咒，并且在尸体的多个包裹层中放置护身符。

在木乃伊完全包裹后，防腐师把它装进一个硬的容器中，并且在头部粘上陪葬面具。这张新面孔或者像死者，或者代表一个陪伴死者前往阴间的神灵，后者帮助死者的魂魄在许许多多的埃及墓葬中找到正确的遗体。

所有制作过程结束后，木乃伊被装进人形棺材，然后由送丧队伍带到坟墓。一位装扮成豺头人身神（导引亡灵之神）的祭司在墓前主持"张嘴仪式"，他用圣物触及棺材表面，赋予死者在另一个世界中的言语、视觉、触觉、听觉和味觉。棺材随后靠放在墓室墙上，并装入死者在另一个世界所需的食物、家具及其他物资。最后，棺材被封闭。

古埃及人认为，一个人能否永垂不朽取决于其遗体的木乃伊化程度。

据古埃及神话，第一具埃及木乃伊属于埃及神话中的冥神俄赛里斯，他是生育神伊希斯的丈夫，也是她的兄长。俄赛里斯被其兄弟赛斯杀死并肢解，遗骸被分别丢弃到全埃及，但伊希斯找回了它们，拼接成原形并用亚麻包裹。就这样，俄赛里斯复活了，成为冥神。

神话归神话，古埃及人为什么要制作木乃伊呢？这源自他们对"来世"的关注：炽热沙漠中的生活特别艰难，这让古埃及人梦想一个没有死亡的田园世界。在古埃及人的心目中，一个人去世后，构成其魂魄的三要素——卡、巴和阿克哈，也随着他去到另一个世界——

阴间。为了在阴间过得舒适，魂魄也需要日常生活的一切必需品乃至奢侈品，包括美食、衣物和家具等。但是，陪伴在世时肉体的卡，与逝者遗体的纽带不容切断，如果遗体毁灭，卡也将随之毁灭。和第一次死亡不同，第二次死亡不可逆转。于是，一个人能否永垂不朽，将取决于其遗体的木乃伊化程度。这就是古埃及人制作木乃伊的根本原因。

通常情况下，一个人死后，腐败过程在几个月内就会把尸体变成光骨架，其腐败速度主要取决于周围环境。在大多数环境里，尸体腐败在人死后几小时就开始了。这个初始阶段叫作自溶，是指包含消化酶的器官（如肠子）开始消化自己。自溶之后就是腐烂，即细菌分解有机物质。在一般的温度条件下，尸

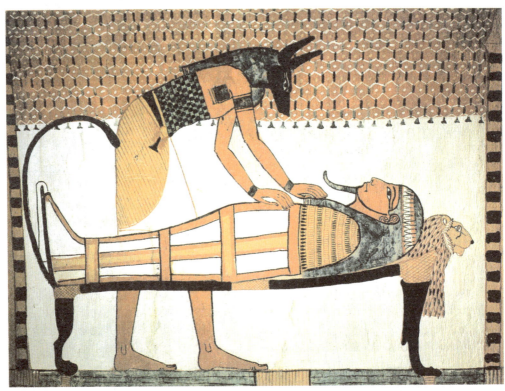

埃及壁画上刻画的安努毕斯（墓穴神，也称导引亡灵之神或豺头人身神）制作木乃伊的场面

体腐烂大约是从人死后第三天开始的，几个月内尸体就会只剩骨架。在炎热潮湿的环境中，细菌繁殖更为迅速，尸体腐烂速度也更快。在寒冷干燥的条件下，尸体腐烂过程会减缓，这就是我们用电冰箱冻肉的原因。如果足够寒冷、干燥、缺氧，环境艰难得连细菌都难以存活，那么尸体就不会完全腐烂，或许成千上万年都不会。

许多木乃伊就是这样形成的。在自然界，尸体在冰川冻结的冰中，在缺氧的泥炭沼泽深处都能长期保存，在炎热干旱的沙漠地面也能长期保存。1991年由旅游者在意大利阿尔卑斯山地区冰川中发现的"冰人"奥兹，就是一具天然形成的木乃伊。奥兹死在一处岩凹里，冰雪很快就掩埋了岩凹，为保存奥兹尸体及随身物品创造了一个天然冰箱。这具冰尸木乃伊为考古学家了解欧洲铜器时代的代表性技术、人体健康状况及文身等提供了大量信息。

考古学家推测，在干燥沙漠里埋葬死者的早期习俗也产生了天然保存的干尸（木乃伊），并激发了后来的古埃及木乃伊制作技术。干尸的完好保存状态，或许使得生者确信保持尸体完整也能保护灵魂。当尸体被埋在炽热的沙中而又缺乏任何保护结构时，沙会吸走尸体的液体，令尸体完全脱水。同样的情形也发生在古埃及墓葬中——当尸体被埋在埃及沙漠中时，内部脏器得以保存，皮肤则脆化成暗色的硬壳。

在3 000年的运作历程中，埃及人工防腐制作木乃伊的技术经历了许多阶

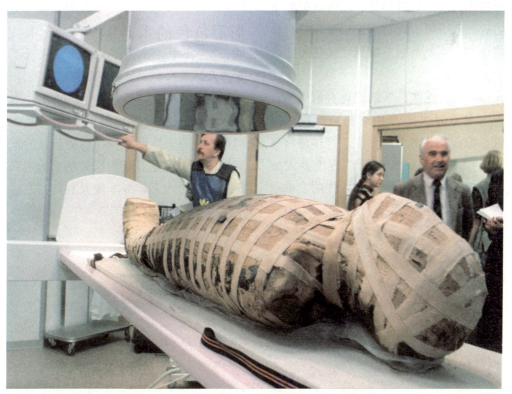

科学家对一具3 000年前的埃及木乃伊进行检验，木乃伊的包裹情况在图中清晰可见

段。最初，他们只是把死者埋进炽热的沙中，随葬的只有一些财物，没有棺材或墓室。随着生死观的演化，古埃及人开始关注亡故亲人的福祉，开始用长长的柳条篮子覆盖尸体，后来又用结实的木箱盛放尸体，最终演变出完全关闭的棺材和拥有墓室的墓葬。

当然，随着尸体被完全封闭，不再暴露在有除湿特性的沙中，液体也就留在了尸体上，细菌滋生，肉身自然就会腐烂。这留给了古埃及人一个难题：他们既不愿意亲人的遗体被沙子覆盖，又不愿意让遗体变成骨架。为确保亲人"在阴间舒适地生活"，古埃及人必须设法复制沙漠的保存能力。在木乃伊制作的早期阶段，防腐师们大多专注于把尸体和自然隔开。他们用浸过树脂的亚麻条绷带紧紧包裹尸体。随着这些绷带的更细致运用，防腐师们得以保持尸体的形态，也就是通过填充尸体使得它看上去像活人。

不过，这些包裹的尸体看似生动，但大多数时候绷带并不能阻止尸体腐败。细菌在绷带里面滋生，尸体最终变成骨架。通过反复试验，古埃及人终于意识到腐烂是从内到外发生的。细菌首先聚集在尸体内脏，然后从那里传播开。为了阻止腐烂过程，就必须取出内部脏器。再加上天然干燥剂泡碱的发现，最终就形成了今天所知的埃及木乃伊制作术。

现在，埃及学家已经确定，制作木乃伊的仪式是在"红土地"——远离人口密集区、容易前往尼罗河岸边的一片沙漠地带进行的。防腐师很可能是在露天帐篷而非坚固的建筑结构里工作，目的是创造良好的通风条件。防腐过程开始前，防腐师先把尸体带到"净化屋"，用取自尼罗河的水清洗尸体。这代表着某种形式的复生，也就是送逝者从这个世界到另一个世界去。一旦清洗完毕，防腐师就把尸体运到"防腐屋"，防腐过程由此开始。

形形色色的木乃伊

过去200年中，在世界多个地方发现了各种天然或人工制作的木乃伊。

现在一般人所知道的埃及木乃伊都是古埃及人工制作且包裹得最好的木乃伊，它们也是今天人们最熟悉的木乃伊。然而，木乃伊并非埃及独有，在过

诈骗外乡人

最好的古埃及木乃伊来自古埃及木乃伊制作的中期，此后，希望以传统方式制作木乃伊的外乡人蜂拥至埃及。由于需求过剩，同时也想多赚点钱，古埃及防腐师开始更多注意木乃伊的外表而非内部保存，难怪那些赶时间制作的木乃伊很快就在它们精美的墓中腐烂掉了。

关照木乃伊

在两座新石器时代的埃及墓葬中，考古学家发现了墓主木乃伊在古代被重新处置的证据：木乃伊的牙齿是后来被人换位安装的；木乃伊的右胳膊被折下并戴上手镯，而断裂的尺骨和桡骨被固定手镯。此外，一具木乃伊的右眼窝中有一颗牙齿，另一具木乃伊的鼻孔中则有一颗牙齿。

这些下葬后继续得到人们关注的木乃伊，无疑反映了古埃及人的死亡观——木乃伊是另一个世界中的"活人"，因此需要关照。

被糟蹋的木乃伊

中世纪时期（5—15世纪），埃及木乃伊一度被认为拥有治病能力，以至于把埃及木乃伊磨成粉当药品贩卖的行为成为一种习俗。当真正的木乃伊难以获取时，不法商贩竟然拿在太阳下脱水的犯人、奴隶和自杀者的尸体冒充木乃伊牟利。这门生意一直兴隆到16世纪晚期。

直到200年以前，木乃伊仍被相信拥有止血等疗效，被以蜜渍人粉末的形式作为药品售卖。所谓蜜渍人，就是把人类尸体浸在蜂蜜里制作的所谓"药品"。连艺术家也瞄上了埃及木乃伊，用木乃伊的裹尸布或绷带提取褐色颜料。这种做法盛行于17世纪，到19世纪才式微。成千上万具猫木乃伊也被从埃及运到英国，处理后作为肥料使用。

19世纪，随着古埃及墓葬及随葬品的发现，埃及学在欧洲成为一种时尚，尤其是在英国。欧洲贵族常常通过购买木乃伊、解除其包裹并举行木乃伊展览来取乐，导致大量木乃伊因暴露在空气中而解体被毁。

美国著名作家马克·吐温甚至记录了关于把木乃伊作为火车头燃料的传说，但事实真相迄今未明。在美国南北战争期间，据说包裹木乃伊的亚麻被用来造纸。虽然这方面的证据尚有争议性，但不争的事实是，的确有不少木乃伊在美国被糟践。

木乃伊杀人？

在木乃伊传说和好莱坞的木乃伊影片中，任何打扰木乃伊墓的人都会激怒木乃伊。这种理念是基于古埃及人铭刻在木乃伊墓葬外面的诅咒。这种诅咒其实是一种古代安保手段，它警告盗墓者不要轻举妄动。一个典型的咒语如此写道："任何动机不纯者胆敢进入此墓，我都会拧断他的脖子，就像拧断一根鸟脖子一样。"

20世纪初期，对古埃及墓葬的发掘达到狂热程度，与此同时，人们开始关注这些古代咒语。英国人霍华德·卡特1922年对图坦卡蒙法老陵墓的发掘，使"木乃伊诅咒"更是甚嚣尘上。据当时的媒体耸人听闻的报道，当卡特一行人第一次进入图坦卡蒙陵墓时，墓中的一条眼镜蛇吞噬了卡特的金丝雀；此后七年内，卡特的队伍中有11名成员相继死于非命。

虽然那11人中的大多数事后被查明死于自然原因，但德国微生物学家克雷默坚持认为"木乃伊诅咒"背后有一定道理。木乃伊下葬时带着食物，随着时间流逝，这些食物必定会产生大量霉菌孢子，当考古学家或盗墓人打开木乃伊墓葬时，这些孢子就会进入空气，

"木乃伊的诅咒"（写意图）

被闯进墓中的人吸入。克雷默发现，这些古代霉菌孢子中有一部分可能致病甚至致死，这便是所谓的"木乃伊诅咒"。

尽管没有证据表明这类病原体杀死了卡特的考古队员，但毫无疑问的是，这些危险物质会在古老的坟墓中堆积。最近对新打开的古埃及墓葬的研究显示，这些未受现代微生物污染的墓葬中包含葡萄球菌、假单胞菌属、黑曲霉和黄曲霉等霉菌。此外，新打开的坟墓常常成为蝙蝠窝，而蝙蝠粪便中携带网状内皮细胞真菌病菌，墓中的这种病菌的浓度足以杀死免疫力低下的人。

科学家还通过钻孔提取未打开的石棺中的气体样本，结果发现了高浓度的氨、甲醛及硫化氢，全都是有毒气体，并且有恶臭味。以硫化氢为例，对于人的嗅觉来说这是一种神经性毒剂，一定浓度下吸一口就足以致死。

去200年中，科学家和探险家在世界多个地方都发现了木乃伊，其中包括人工制作的木乃伊和天然木乃伊。

人工制作的木乃伊

南美木乃伊　南美洲文化为我们提供了大量保存完好的木乃伊，其中既有发现于秘鲁南部和智利太平洋沿岸干燥地区的，也有发现于安第斯山上的，既有人工制造的，也有天然形成的。新克罗木乃伊是迄今已知世界上最早由人工制作的木乃伊，它们的年代在公元前5 000—前3 000年，而且新克罗人显然是把所有死者都做成了木乃伊。这些木乃伊制作精细，在不同时期运用了不同的制作技术，而寒冷、干燥的气候也有助于尸体的脱水和完整保存。秘鲁的朝奇拉木乃伊至今也保存十分完好。

一些保存最好的南美天然木乃伊，来自500年前后的秘鲁和智利印加文化时期，当时一些儿童在安第斯山顶上被作为殉人杀死。1995年，两名分别为11岁和14岁的印加女孩的冻尸（未脱水，因而并非严格意义上的木乃伊）在秘鲁南部安帕托山上被发现，她们死于1440—1450年之间。这两个被称为"冰美人"的女孩，据信是作为献给山神的殉人而被杀死的。

智利一家博物馆曾展出了一具来自蒂瓦纳库时期、迄今保存完好的木乃伊，被称作"智利小姐"，但当地原住民要求停止展出，因为他们认为这是对他们祖先的不尊重。而1999年发现于海拔6 700千米山上的三具儿童木乃伊，至今仍在这家博物馆展出。

加那利木乃伊 生活在西班牙加那利群岛的关切人把死者制成木乃伊，其中许多木乃伊都发现处于极端脱水的状态下，每具木乃伊仅重2.7～3.2千克。关切人制作木乃伊的方法与古埃及人相似，但防腐过程有所不同。在特纳利夫岛，尸体只是用羊皮包裹；在其他岛上，人们用类似树脂的物质保存尸体，然后将尸体放入难以到达的山洞或坟墓中。

关切人的木乃伊防腐工作要分性别，即妇女为女性死者的尸体防腐，男子则为男性死者的尸体防腐。防腐看来没有统一模式，尸体通常都只是简单地藏于山洞中或埋葬。特纳利夫岛原住民采用的防腐方法最佳，他们制作的木乃伊的保存状况也最好。

意大利木乃伊 意大利巴勒莫嘉布遣会修士地下墓室，为今天的旅游者提供了一处有点恐怖的目的地，同时也是对历史的杰出记载。从16世

"盐人"头部
1993年冬季，矿工在伊朗赞詹市西面一座盐矿矿井中发现了一具有着长发、胡须和一些物品的干尸——"盐人"，它埋在一条大约45米长的隧道中央。对骨骼残片进行的放射性碳14年代测定结果显示，"盐人"生活在大约1 700年前。CT扫描揭示，"盐人"死前遭到重击，导致眼圈破裂及其他伤害。长发、胡须和左耳的金耳环暗示他属于权贵阶层，但他为什么死在盐矿中则是一个未解之谜。

加那利群岛木乃伊

纪起，卡普琴修道院的修道士们将原有的墓地扩大规模，并开始修建地下墓室。1599年，他们把一位新近死亡的修道士做成木乃伊放进地下墓室中。地下墓室最初只用来放置男修道士的遗体，但在后来几百年中，能进入卡普琴修道院安息变成了一种社会地位的象征。

这些遗体都是放在地下墓室里由陶瓷套管搭成的专门的架子上晾干的，晚些时候还用醋来清洗。一些尸体经过防腐处理，另一些则封闭在玻璃柜子里。所有木乃伊都穿着日常服装，其中一些保存极好，看上去很像是睡着的活人，但也有一些木乃伊与真人相比大大萎缩、变形，看上去令人害怕。

天然木乃伊

纯天然的环境条件也能形成木乃伊。除了上面提到的"冰人"奥兹和"冰美人"之外，还有在酸性沼泽中形成的"托伦德人"、在碱性环境中形成的"盐人"和沙漠干尸等。

中国 在中国新疆地区发现了不少

朝奇拉木乃伊

20世纪20年代，在秘鲁纳斯卡市以南30千米处发现了一座墓园，其中包括许多600～700年间的重要墓葬，最早的年代为大约公元200年。这座被叫作"朝奇拉"的墓园自9世纪后不再被使用，但由于遭遇广泛盗墓，如今盗墓贼留下的人骨骸和陶片散落在整座墓园。

秘鲁沙漠气候干燥，加之葬仪等因素，这些木乃伊至今保存完好，头发以及皮肤等软组织都还在。死者穿上绣花布

朝奇拉墓园具有家族型特征

制成的衣物，涂上树脂后被埋入泥砖墓室中。树脂能阻挡昆虫进入尸体，同时让试图侵犯尸体的细菌止步。考古学家在附近一处遗址发现了木柱，起初以为具有天文意义，后来发现这些柱子可能在木乃伊制作过程中用于晾晒尸体，这也是这些木乃伊保存完好的原因。

新克罗木乃伊

　　新克罗木乃伊是由曾经存在于当今属于智利北部和秘鲁南部的新克罗文化制作的，据信最早出现在公元前6000年左右，到公元前3000年前后达到巅峰。研究发现，当时当地的每一个死者都被做成了木乃伊，包括儿童、新生儿和胎儿，这表明把遗体制成木乃伊并不是新克罗社会高层的特权。新克罗人制作木乃伊的目的很可能是保持灵魂的存在，同时阻止尸体恐吓活人。

　　迄今发现的新克罗木乃伊表明，死者皮肤及所有软组织和器官包括大脑都被剥离尸体，甚至骨髓也被从大腿骨中取出。软组织被移除后，用棍棒加固骨头，皮下充填植物材料，然后重新拼接尸体。再给木乃伊戴上黏土面具，但也有一些木乃伊被用黏土整体覆盖，用芦苇包裹后晾晒30～40天。

　　新克罗木乃伊中最常见的有黑木乃伊和红木乃伊，它们代表了两种最常见的木乃伊制作技术。

　　黑木乃伊　肢解尸体并进行处理，然后重新装配。尸体的头部、双臂、双腿被卸下，皮肤被剥掉，尸体受热干燥后，皮肤及软组织彻底脱离骨骼。重装后，用白膏泥覆盖尸体并填充重装尸体过程中留下的间隙，还用白膏泥充填出正常的面部特征。死者的皮肤，包括戴着短假发（用黑色的人头发制成）的面部皮肤，被重装到尸体上，有时一小块一小块地装，有时则几乎一整块装上，有时还会用海狮皮。接着，体表用锰涂抹成黑色。黑木乃伊的制作年代为公元前5000—前3000年。

　　红木乃伊　不肢解尸体，而是在躯干和肩部割开许多口子，以便移出内部脏器并且干燥体腔。头部被割下，以便取出大脑。尸体充填不同材料以恢复正常比例，用棍棒加固尸体，缝合切口。头部被重新装回身体，假发为长达60厘米的人发流苏，并用黏土做的"帽子"固定假发。红木乃伊除了假发和脸是黑的外，其余部位都用红赭石涂抹成红色。红木乃伊的制作年代为公元前2500—前2000年。

　　还有一种新克罗木乃伊的制作方法是，不移出死者的脏器，而是用一层厚黏土、沙子和诸如蛋或鱼胶的黏合剂覆盖尸体。制作完成后，木乃伊就被牢牢地粘在墓穴里。这种风格的出现或许与外乡人的到来有关，或许与尸体腐烂带来的疾病有关。这种木乃伊制作方法只存在了200年时间，在公元前1800年后消失。

一具新克罗木乃伊的头部

已有2 500年历史的完整干尸（天然木乃伊），不仅躯体完整，一些脏器如大脑、胃等至今可见，小心操作的话，它们的关节甚至还能动。

俄罗斯 20世纪80年代末，俄罗斯考古学家在西伯利亚干草原上偶然发现了一座精美墓葬，棺材中有一具在公元前5世纪被异常气候条件制成并保存至今的女性冻尸，被称作"西伯利亚冰美人"。与它同时发现的还有5匹装饰精美的殉葬马和这个年轻美女的最后一餐。"冰美人"的体表覆盖着形象生动的动物蓝色文身，其中保存最好的是一头驴、一只山羊和两头写意风格十分明显且有长角的鹿，她的右臂上还刻有一头想象中的食肉动物。两年后，在她附近发现了一名男子的干尸，其胸部有半狮半鹫的怪兽文身，左臂上有像是两头鹿和一头山羊的文身。

欧洲 欧洲天然木乃伊中最著名的莫过于"冰人"奥兹，但奥兹绝非欧洲唯一的天然木乃伊。在捷克共和国一处卡普琴地下墓室里也有30具自然干尸，良好的天然通风条件被认为是让这些尸体脱水和保存的根本原因。其中最古老的干尸属于一名死于1658年的男子。

在英格兰、爱尔兰、德国、瑞典和丹麦，至今已发现了大量泥沼人——因为谋杀或充当殉人被投入泥炭癣沼泽（简称泥沼）而形成的干尸。由于泥沼水的酸性、低温和缺氧，尸体的皮肤和软组织被鞣成了皮革状，骨架则随着时间推移而分解掉。这类木乃伊在刚出泥沼时保存相当好，皮肤及内脏很完整。通过检测胃，甚至还能知道死者最后一餐吃的是什么。最著名的案例，是1835年由泥沼挖掘工人在北欧日德兰半岛一处豪宅遗址发现的一具干尸——"哈拉斯堪妇女"。

北美洲 1972年，8具保存特别完好的木乃伊在格陵兰一个废弃的英纽特人定居点——洞穴里被发现，其中包括1名6个月大的婴儿、1名4岁男孩、6名不同年龄的妇女，他们死于500年前后，遗体被0 ℃以下的气温和干燥的风制成了天然木乃伊。不过，北美洲最早的天然木乃伊大约死在550年前。另外，墨西哥也有不少天然木乃伊，其中最著名的是瓜纳华托木乃伊。

现代木乃伊

19世纪和20世纪，人们对古埃及木乃伊的兴趣大增，解除木乃伊的包裹成为一种娱乐时尚。其结果之一就是一些人开始回溯木乃伊制作术，并且创造了一些新的木乃伊制作方法。用新方法制

"哈拉斯堪妇女"

最初人们推测，"哈拉斯堪妇女"是生活在公元1000年前后的挪威女王古恩希尔。据传，丹麦国王哈拉德（公元940—986年在位）下令把古恩希尔投入泥沼淹死。由于她的王室身份，后来的丹麦国王弗雷德里克六世（1768年~1839年）下令用一个精美雕凿的石棺

"哈拉斯堪妇女"

装载古恩希尔的遗体。但在1842年，丹麦考古学家沃萨伊对此说法进行了质疑，他认为"哈拉斯堪妇女"来自更遥远的铁器时代，后来的放射性碳时间测定结果也证实了"哈拉斯堪妇女"的确不是古恩希尔，而是生活在大约公元前490年（铁器时代早期）的一名妇女。

被发现时，"哈拉斯堪妇女"呈仰卧姿势，赤裸的身子上面盖着一件皮斗篷和三件羊毛衫。她的尸体由木围栏固定，皮肤及内脏都很完整，但膝关节有长矛伤，明显可见长矛深深刺进她的身体。由于泥沼中鞣酸的作用，她的皮肤已变成深铜色，但她的所有关节仍包着皮肤。她的样子看上去就好像是她刚刚去世。医生认为她死时大约50岁，健康状况良好，没有退行性疾病（例如关节炎）的任何迹象，而当时的人类遗骸上面通常都有这样的痕迹。

1979年，法医人类学家对"哈拉斯堪妇女"做了进一步检查，此时这具木乃伊已经脱水、缩小，皮肤呈皮革样并严重起皱。CT扫描更准确地界定了她的死亡年龄——大约40岁。此时她的身高仅为1.33米，而科学家根据1835年的描述，估计她死时的身高大约为1.5米。

2000年，法医人类学家再度检验"哈拉斯堪妇女"，发现她的胃里有未去壳的小米和黑莓。她的颈部有模糊的槽，就像是有人用绳子折磨或勒死了她。科学家作结论说，泥沼中的酸性导致她的关节肿胀，在用围栏固定她之前她很可能已经死亡。由于对她的遗体放置很用心，加之当时当地流行的埋葬模式是火化，科学家最终确定"哈拉斯堪妇女"是一名人殉受害者。

瓜纳华托木乃伊展柜

瓜纳华托木乃伊

瓜纳华托木乃伊，是指1833年墨西哥瓜纳华托市霍乱大爆发后掘出的天然木乃伊。所有这些木乃伊都挖掘自该市的一座墓园。按照当时的法律，埋葬在这座墓园中的死者的亲属必须缴税，才能在墓园中继续保存死者遗体。有90%的遗体由于亲属没有交钱而被掘出，结果发现其中2%已被当地的土壤特性及温暖、干燥的气候条件转变成了天然木乃伊。

在霍乱爆发期间，为了控制疫情蔓延，许多死者被立即埋葬，造成一些假死者被活埋的现象。一些木乃伊的惊恐表情证明了他们是在坟墓里死亡的。其中一名女性生前患一种怪病，导致多次出现心跳停止，时间可长达一天。在最终一次心跳停止超过一天后，亲属以为她已死亡，于是将她埋葬。当她的尸体被挖出后，人们注意到她面朝下咬自己的胳膊，嘴里有大量血迹。

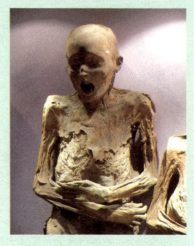

瓜纳华托木乃伊有着活灵活现的表情

从1865年开始，这些木乃伊在当地博物馆展出，其中包括世界上最小的木乃伊——一名霍乱患者所怀的胎儿。其中一些木乃伊仍穿着自己下葬时所穿的衣服。

作的木乃伊当中，阿根廷总统胡安·庇隆的妻子爱娃·庇隆的木乃伊是很有代表性的一个。她的遗体得到了很好的保存，使她看上去就像是仍然活着，这是通过一种颇具创新性的防腐处理技术实现的。基本上而言，这种方法就是用蜡替换体内所有液体。用这种方法制作的木乃伊看上去很像是蜡像馆中的蜡像，但两者有本质区别——蜡像完全用蜡制作，而"蜡人"却包含真正的遗体。

1975年，美国一个神秘组织"苏玛姆"开始推出"现代木乃伊制作"服务，就是结合现代技术与古代方法来制作木乃伊。该组织认为，一切动物包括人，躯体死亡后灵魂还在。"现代木乃伊制作"服务就是要把保存遗体作为一种手段，以帮助灵魂前往新的世界。

"苏玛姆"没有沿用古代木乃伊典型的脱水过程，而是把尸体浸没在一箱保护液中好几个月。该组织声称，用这种方法保存的遗体是如此完好，乃至于DNA都能够完整保存到未来，从而提供了一种可能性：最终通过克隆让逝者完

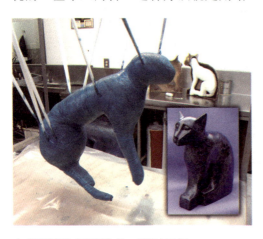

由"苏玛姆"组织制作的一只猫木乃伊

全复活。

正式成为"苏玛姆"首个木乃伊的人是该组织创始人苏玛姆本人，他死于2008年1月，以法老名号自封。如今，他的覆金木乃伊装在一个人形铜棺里，立于该组织的金字塔内部。

塑 化

塑化是一种在解剖学中用于保存尸体或部分尸体的现代技术。尸体中的水和脂肪被代之以某些整形材料（塑料），如此产生的样本可以触摸，无腐臭，甚至能保留组织原有的大多数微观特质。

1979年11月，德国人冈瑟·冯·哈根斯在本国申请了一项专利，就是通过浸渍合成树脂来永久保存动物及植物组织。此后，哈根斯又在美国申请进一步的专利，即用聚合物保存生物组织。专利申请成功后，哈根斯于1993年在德国海德堡成立了"塑化研究所"。1995年，该研究所在日本举办了首次塑化人体展览，吸引了超过300万观众。如今，该研究所拥有三个国际性塑化中心，分别位于德国、中国和吉尔吉斯斯坦。全球共有超过40个塑化研究机构，主要从事医学研究。

与埃及人制作木乃伊一样，塑化本质上也是一种阻止尸体腐烂的方法。历史上阻止尸体腐烂的方法有很多种。1896年，福尔马林（甲醛水溶液）开始被用来保存尸体。很快，

塑化的人体——象棋大师

人们又采用彩色防腐液来保持尸体生前的颜色。1925年，发明了尸蜡浸渍的尸体保存法。20世纪60年代，发展出了在塑料中埋入器官的保存方法。21世纪的尸体保存方法则是人体冷冻，就是让尸体降温至很低的温度来保存身体组织，进行塑化和防腐。

其他的现代塑化方法还有"硅S_{10}标准过程""环氧基树脂E_{12}过程""聚酯P_{35}或P_{40}过程"等。其中，"硅S_{10}标准过程"运用最广泛，它能创制不透明、外观很自然的塑化人体样本；"环氧基树脂E_{12}过程"能创制薄、透明和结实的人体及器官片；"聚酯P_{35}或P_{40}过程"能制造半透明且结实的大脑片。上述过程中要用到深度冷冻和甲醛溶液浸泡等方法。

塑化在充当教学工具方面功勋卓著，它使得学生不需接触福尔马林这样的化合物就能得到很多经验。例如，塑化的犬类胃肠道被用来帮助教授内窥镜技术和解剖学。随着塑化样本在动物学教学工具中的应用，被杀死用于研究的动物更少了，这是因为塑化样本可以使用很长时间。

塑化过程包括四个步骤：防腐、脱水、浸渍和硬化。水和脂质组织被固化的聚合物替代，用于塑化的固化聚合物包括硅、环氧基树脂和聚酯-共聚物。

1. 塑化第一步是防腐，即用甲醛溶液阻止腐烂。

2. 经过必要的解剖后，样本被浸入丙酮中。在冷冻条件下，丙酮吸掉细胞内的一切水分并取代水分。

3. 样本被放入液态聚合物如硅橡胶、聚酯或环氧基树脂中。创建一个真空，让丙酮在低温下沸腾。随着丙酮气化、离开细胞，它会引入液态聚合物，让细胞充盈液态塑料。

4. 用气体、热能或紫外线处理这些塑料，以便固化变硬。

塑化样本既可以是一具完整的人体，也可以是动物器官的一小片，这些东西被统称为"塑化体"，堪称一类现代木乃伊。塑化体可以被操纵和定位。

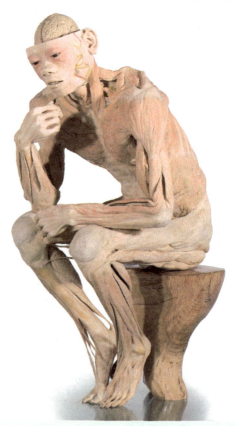

塑化的人体——思考者

（刘声远）

揭秘死亡面具

随着摄影技术的诞生，死亡面具逐渐淡出了历史舞台。那么，人们最初制作死亡面具的目的是什么？历史上有哪些著名的死亡面具？如今还有人制作死亡面具吗？这里，就让我们一瞥死亡面具背后的秘密。

约翰·迪林杰是美国大萧条时期（大萧条指20世纪30年代发源于美国的一次经济危机）最臭名昭著的黑帮头目和银行劫匪，此人诡计多端，曾多次躲过警方追缉，还两次成功越狱。1934年7月

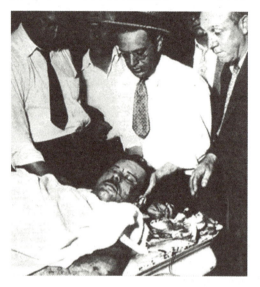

黑帮头目约翰·迪林杰被验尸场景

约翰·迪林杰的死亡面具

22日，警方根据线报，在一家电影院里发现了正和女友在一起的迪林杰。在发现自己被跟踪后，迪林杰一边逃跑一边拔出手枪负隅顽抗，但最终还是被警察击毙。他被击中三枪，其中致命的一枪从脖子后面射入，从右眼下方穿出。他仰面朝天地倒在血泊中。

迪林杰死后，其尸体停放在太平间里。人们蜂拥而至，希望能看上一眼死者，目的仅仅是想知道这个全美国最大的恶棍究竟长什么样。在获准进入太平间的人中，有一位执业牙科医生和他的一名同事。与其他人不同，这两人去太平间的目的，是为死者制作死亡面具。这位牙科医生新发明了一种模具塑料，为了向联邦调查局兜售这项新发明，他使用这种材料制作了迪林杰的死亡面具，并在不久后将一个复制版本送到了当时的美国联邦调查局局长埃德加·胡佛的手中。这副面具捕捉到了迪林杰面孔的几乎每个细节：子弹造成的创口、中弹倒地时造成的面部擦伤、因受热而出现的面部肿胀、脸上的血污，甚至包括接受秘密整容术后留下的痕迹。

制作死亡面具的习俗可追溯至古代，尤其是19世纪的一些西欧国家。当时这些国家的皇室贵族或社会名流会在生前请人制作面具，以作为自己死后的纪念物，这种面具也因此被称作死亡面具。死亡面具也曾被用于骨相学研究（骨相学家称，通过研究头骨的外形和大小，可以解释人的思想和行为举止）。在今天，随着摄影技术的日益普及，以及骨相学的日渐衰亡，死亡面具早已不被人们普遍关注。不过，死亡面

具有时仍然被用于保存公众人物或未经鉴定尸体的面部特征。

下面，就让我们一瞥死亡面具的历史。

极其准确的死亡刻画

在古代欧洲，画家和雕塑家以死亡面具为参照物，为死去的权贵制作肖像和雕塑。这些死亡面具用石膏、蜡或金属制作于主人死后几小时内，是死者死状的极其准确甚至恐怖的刻画。如今我们造访欧洲的古老教堂和墓葬，就能见到从死亡面具复制的权贵人物的面孔塑像。欧洲已知最古老的死亡面具属于英王爱德华三世。他于1327年即位，直至1377年死亡，一直在位。

事实上，早在古埃及和古罗马时期，人们就开始制作死亡面具，作为死者的肖像或雕像。只不过，古埃及人和古罗马人制作的面具仅能反映死者的大致模样，并不是严格意义上的死亡面具。

当古埃及人把一具尸体制成木乃伊时，死者的面部也会被裹缠。由于古埃及人认为死者的"灵魂"需要一张面具来识别自己的躯体，死者在"来世"也需要一张面孔，于是他们为权贵者制作镶嵌着金银珠宝的精致死亡面具。少年法老图坦卡蒙的死亡面具是古埃及最精致、最著名的死亡面具之一。至于那些不那么有权势的死者，他们的死亡面具则是用亚麻布、纸莎草以及金粉制作的。

古罗马贵族则青睐用蜡为其祖先制作面具或半身像（也叫胸像）。恺撒大帝死后，他的后人为他制作了一具完整的蜡像，连伤口都做得惟妙惟肖。东罗马帝国皇帝马克·安东尼将这具肖像公开展示，煽动暴民烧毁了参议院的建筑。

随着文艺复兴时代来临，欧洲的艺术家们开始完善现实主义肖像画，死亡面具已无存在的必要。但是，人们仍在制作死亡面具。这是为什么？

画室里的死亡面具

到19世纪，死亡面具不再只是艺术家的工具。当时的一门伪科学——骨相学（或称颅相学）十分盛行，骨相学家热衷于收集死亡面

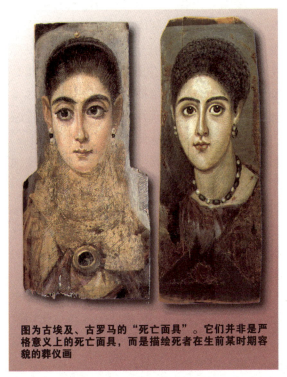

图为古埃及、古罗马的"死亡面具"。它们并非是严格意义上的死亡面具，而是描绘死者在生前某时期容貌的葬仪画

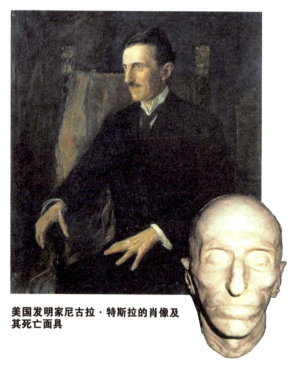

美国发明家尼古拉·特斯拉的肖像及其死亡面具

按照原本的大小和模样保留死者的神态。在光与影中，死亡面具或蜡像常常能让人欣慰地、感伤地或者恐怖地感觉到逝者其实就在自己身旁。美国发明家尼古拉·特斯拉和美国著名演员马克斯·莱因哈特的死亡面具都是现代著名的死亡面具。人们还为死于1962年的物理学家、诺贝尔奖得主亚瑟·康普顿制作了铜质死亡面具。

制作死亡面具

制作死亡面具必须在人去世后尽快进行，也就是在死亡后几小时内，赶在尸体肿胀或自然因素扭曲死者的面部表情及面部特征之前进行。还有，刚刚去世者的石膏面膜传统上是由医生制作的，下面则是死亡面具的制作步骤。

首先，医生在死者的脸上尤其是有毛的地方（包括眉毛）涂抹油脂（其作用是防止取石膏时将死者的毛发连带扯下，也方便从死者面部取下绷带）。接着，医生把蘸水的石膏绷带一层层地堆积在死者的脸上，其中第一层的作用是捕捉包括皱纹在内的面部细节，其他层的作用则是强化第一层的效果。在现代，石膏绷带仅需几分钟就能干燥，而在古代这一过程需要一天以上。然后，医生小心翼翼地从死者面部取下已经变硬的石膏模子。再后，医生将熔化的蜡或金属（如铜）倾注到模子里，最终形成三维的死亡面具。

具来研究皇室成员和社会名人的头骨形状。

与此同时，死亡面具也变成了对死者的纪念物。它被视为一个家族所拥有的对家族死者最后的留念像，也被一些人认为是死者的精髓——面孔。人们以石膏死亡面具为蓝本，制作石像、铜像或蜡像，用以祭奠逝者。皇室和富人自豪地展示代表其家族新近死亡者的死亡面具，这些面具往往看上去真实得令人毛骨悚然。

正因此，今天的人们才得以见到贝多芬、肖邦、奥都本及其他许多历史名人的死亡面具。事实上，只要是历史上的名人或王室人物，都可能有死亡面具。即便是在摄影出现以后，死亡面具的制作也持续到了20世纪的后几十年。照片虽然能抓住死者的样子，但它是二维的，石膏或其他材质的死亡面具则能

蜡制死亡面具的色调等更逼真，但很容易被自然因素破坏。相比之下，如果细心保护，铜制死亡面具能保持原样长达几个世纪。

"塞纳河无名美女"

死亡面具在今天堪称正在死亡的艺术，但有这样一副死亡面具，它曾经拯救了无数人的性命。

19世纪的巴黎，一张用石膏保存的无名妇女的面孔激起了公众的普遍兴

"心肺复苏假人安妮"是依据"塞纳河无名美女"的死亡面具设计的

趣。据说，这名来自乡下的年轻女子坠入情网，但恋人弃她而去，她能想到的解脱痛苦的唯一办法就

是投入塞纳河中。她的尸体被打捞上来，但无人认领。一名殡葬师（也称入殓师）被其美貌和死亡时的平静所打动，为她制作了一副死亡面具。很快，这副面具出现了许多复制品，使得这张面孔不仅在法国变得几乎人尽皆知，而且还传遍了整个欧洲。人们纷纷猜测：她是谁？她的恋人是谁？他为什么会离开她？随后，这名女子有了"塞纳河无名美女"这个称号。

不过，这个故事破绽很多。既然说"塞纳河无名美女"是溺水身亡的，那么这具尸体（包括面孔）在被人发现时应该已经肿胀（在水中，尸体的腐烂过程会加速），更何况尸体被放在殡仪馆里一连数日等待辨认。可是，这副面具看上去平静祥和，甚至还带着些许蒙娜丽莎式的微笑，这怎么可能？还有，在当时，人们通常只为富人和名人制作死亡面具，那什么人会为一名连身份都不知的女子制作死亡面具呢？所以，有人猜测这副死亡面具并非取自死者，而是取自一名活着的美术模特。至于它如何传奇地变成了"塞纳河无名美女"死亡面具，就不得而知了。

时间很快到了1960年。这一年，奥地利医生萨法与挪威玩具制作人埃斯蒙德·雷达尔联系，向后者请教采用何种方式来向医学界推介他新研发的一种心肺复苏

方法。雷达尔提出，心肺复苏需要挤压患者胸部并进行嘴对嘴的人工呼吸，练习新式心肺复苏术的最佳办法是使用假人，而这个假人的脸不能让人害怕，最好是女性的脸。有一天，雷达尔在一名亲戚的家里看到了"塞纳河无名美女"死亡面具，他立即意识到这正是他的假人所需。

就这样，在进行了一些改动（例如张开的嘴和鼻孔部位）后，萨法和雷达尔创制了世界上第一个心肺复苏术假人——"蕾苏丝·安妮"。如果你曾经学习过心肺复苏术，说不定你也在"蕾苏丝·安妮"（也即"塞纳河无名美女"）身上进行过练习。

如今，死亡面具不再是东西方社会的普遍文化习俗，但它们依然引起人们的好奇和兴趣。尽管人们今天更注重于通过摄影、视频来记录亲人在世期间和离去时的场面，但不得不承认，没有哪件物品能像死亡面具那样给人留下如此难以忘怀的感觉。

死亡过程是怎样的？

死亡表情的提取是制作死亡面具的最重要步骤，必须在死亡发生后立即进行。死亡面具与死亡分不开。那么，死亡过程是怎样的呢？

无论是面对亲人还是自己的死亡，都是很难的事。人在死亡过程中的感觉究竟是怎样的？科学家对此依然了解不多。但已经知道的一点是，在自然死亡发生之前几小时甚至几天，死亡过程就已经开始了。了解这一点，对于面对亲人的最后时刻或许有帮助。

在死亡过程中，人体系统关闭。濒死的人会越来越缺乏能量，因此开始睡得越来越多。身体依然保存着一点点能量，所以需要更少的营养和食物。在去世前几天（有时甚至是几周），人的吃喝就开始明显减少。他们可能对吃喝完全失去兴趣，这时你不应该强求他们吃喝。事实上，强求濒死者吃喝有可能导致他们窒息，因为到了濒死阶段人会变得难以吞咽东西，口腔会很干。

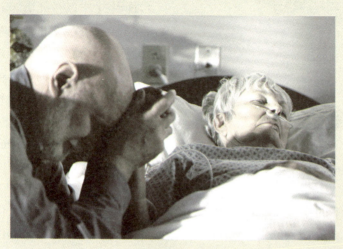

随着濒死者的食物摄入减少，他们排尿更不频繁，胃肠蠕动也更少，还可能出现大小便失禁。濒死者还可能变得迷糊、躁动，这可能是因为大脑接收到的氧更少的缘故。看到亲人在最后日子里的如此状态，你可能会伤心欲绝，但这就是事实，你应该学会面对和理解。

濒死者的皮肤会

显现出因为循环变慢和氧更少所产生的效应。首先是四肢，接着整个身体都可能变冷、变黄、变蓝或变成浅灰色。一些濒死者的皮肤上会出现红-蓝色斑块。随着死亡临近，人的呼吸会变得越来越困难，会变得不规则且有噪声，有时候看上去濒死者根本就不能呼吸。当肺中有液体时，液体会导致一种被叫作"死前喉鸣"或"死亡哮音"的声音。或许可以通过抬高濒死者的头部来减轻鸣声和堵塞。如果濒死者正经历痛苦，医生会用药物或其他方法给予帮助。

面对亲朋死亡前的最后时刻，请你一定要记住每个人的死亡经历都不一样。有些人死前需要向亲人告别，或者听到他人的声音，有些人则不会。一些人希望自己临终时刻能和亲朋好友待在一起，另一些人则至死保持安静，在所有人都离开房间后安然离世。医生会建议亲人从临终者身上发现提示，避免把亲人自己的想法或需求强加给临终者。医生还会建议临终者的亲人持续轻柔地对临终者说话，因为听力可能是最后消失的能力之一。

当临终者的心跳、呼吸和循环停止后，临床死亡就发生了。4~6分钟后，生理死亡（也称脑死亡）也发生了。此时脑细胞因为缺氧而开始死亡，心肺复苏已不可能。

奥利弗·克伦威尔

克伦威尔的死亡面具

奥利弗·克伦威尔（1599–1658）的死亡面具是英国历史上是最著名的死亡面具之一。克伦威尔是一名军事和政治领导者，于1628年当选英国议员，后来参加英国内战（1642—1651年在英国议会派与保皇派之间发生的一系列武装冲突及政治斗争），并在击败保皇党军队的过程中起了重要作用。1649年，经克伦威尔等人签字同意，英王查尔斯一世被处死。1653年4月20日，克伦威尔以武力解散议会，并以护国公名义执掌英格兰、威尔士、苏格兰和爱尔兰。

1658年，克伦威尔突发疟疾，接着并发尿道炎或肾炎。由于误诊，他的健康状况急剧恶化。同年9月3日，克伦威尔去世，享年59岁，死因很可能是尿路感染引发的败血症。据说，他的女儿伊丽莎白在1658年8月的死亡加速了他的死亡进程。人们为克伦威尔制作了死亡面具，他的遗体被葬于威斯敏斯特教堂，这里也是他的女儿伊丽莎白的下葬地。

克伦威尔死后，其子理查德接任护国公，但因缺乏权力根基，于1659年5月被迫下台。1660年，流亡的查尔斯二世被邀回国，登上王位。1661年1月30日，克伦威尔的遗体被掘出并实施"绞刑"（像这样死后处死的例子在英国历史上并不鲜见），头颅被割下置于教堂外的柱子上示众，直到1685年。

　　许多人都质疑那具被砍头的尸体是否属于克伦威尔本人，因为从1658年9月被埋葬到1661年1月被掘出期间，为了防止保皇党人的报复，克伦威尔的遗体被多次移葬。这种争议一直持续至今。

　　19世纪，威斯敏斯特教堂里的克伦威尔最初埋葬地被用一块石碑标注出来，上面写着："奥利弗·克伦威尔埋葬地"。至于他的死亡面具，至今仍保存在著名的华威城堡。

弗雷德里奇·弗朗索瓦·肖邦

　　弗雷德里奇·弗朗索瓦·肖邦（1810—1849）是一位波兰作曲家。生于华沙的肖邦是一名少年神童。他于21岁来到巴黎并定居在那里，以作曲和当钢琴教师为生。在生命中的大多数时间，肖邦都被疾病缠身。

　　1849年10月，肖邦的健康状况急转直下。因为担忧自己会被活埋，肖邦请求他人在他死后剖开肚腹。他还请求把他的心脏送回华沙。10月17日午夜过后，医生问肖邦是否很难受，他回答说："不再难受。"次日深夜两点过后几分钟，肖邦去世。稍后，人们为他制作了死亡面具，还为他的左手做了铸模。

　　肖邦的葬礼于10月30日在巴黎一间教堂隆重举行。许多人从伦敦、柏林和维也纳远道而来，只为参加葬礼。但由于人数太多，只有那些持票者才能进入葬礼现场。葬礼举行后，肖邦的心脏被取出，泡在一只瓮里，随后被送回了华沙。

肖邦的死亡面具

（刘声远）

破解500年前谜案

在意大利比萨的一间实验室里，著名法医病理学家正带领他的研究团队对多起文艺复兴时期的谜案展开调查。

在离地10米高的脚手架上，在圣母教堂高耸的哥德式尖塔和令人生畏的武装骑士塑像之间，当工人们使用液压千斤顶，将这座意大利维罗那市中世纪教堂的壁龛里的一具大理石棺椁的巨大棺盖吊起时，病理学家奇诺·弗纳恰里往棺椁里瞥了一眼，他发现里面是一具男子的干尸。干尸身上穿着一件丝绸长斗篷，双臂交叉于胸前。由于死后腐烂，尸体腹部曾高度膨胀。不过，弗纳恰里并没有闻到腐烂气味，只感觉到一丝丝燃香的香味。他和工人们把尸体抬放到一部担架上，再将担架降到地面。天黑后，他们把尸体放进一辆厢式货车，送往附近一家医院的一间实验室。在那里，弗纳恰里将对尸体进行一系列检测，旨在查明这名30多岁的贵族的死因和了解他在世期间的情况。

这名男性死者看上去备受多种慢性及怪异疾病的折磨。CT扫描和数字X光检查揭示，他的膝盖钙化，还患有肘关节炎，股骨和椎骨相对于他的年龄来说过于衰老。支气管镜检显示，虽然他不是矿工，甚至连烟都不吸，但他却患

在过去50年中，弗纳恰里运用法医学工具、医学科技以及来自于人类学、历史和艺术的线索，在古病理学研究方面取得了惊人的成就——他和同事发掘并研究了几百年前甚至上千年前的意大利名人遗骸，以调查他们的生活状况及死亡原因等。

①弗纳恰里相信，这具12—15世纪男子头骨上的大面积骨裂暗示他死于谋杀。
②弗纳恰里带领他的团队在比萨大学的古病理学实验室工作。
③④研究人员在实验室里测量一具古代头骨的尺寸。

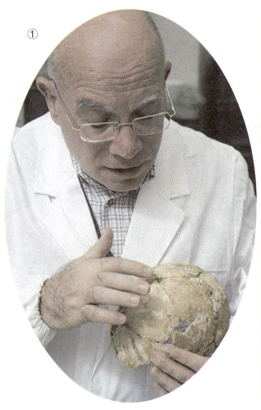
①

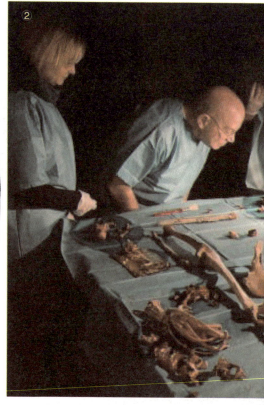
②

有严重的煤肺病（炭末沉着症）。对肝细胞进行的组织学检查发现，他有严重的肝硬化（虽然他从不沾酒）。不过，弗纳恰里认为这些疾病都要不了此人的命。弗纳恰里曾听到传言说，这名男子死于被人下毒。对于这类传言，作为一名医学检验师，弗纳恰里通常会假定这种说法不过是编造而已，因为他检验过的多起被传言的投毒案最终都被证实是空穴来风。

当然，弗纳恰里并不是普通的医学检验师，他所检验的尸体都代表着几百年前甚至上千年前的旧案。作为比萨大学一个由考古学家、人类学家、历史学家、医学家和其他专家组成的团队的首领，他是方兴未艾的古病理学领域的先锋人物。所谓古病理学，就是运用最先进的医疗技术和法医手段来调查古代名人的生活状况及死亡原因等。全球范围内的古病理学家正在取得惊人的发现。2012年12月，一组科学家公布的对古埃及法老拉美西斯三世的木乃伊检验结果表明，他死于喉部的刀伤，很可能是在公元前1155年的"后宫政变"中被杀。2013年5月，美国史密森学会的古人类学家发现了很可能发生于1609年冬季弗吉尼亚詹姆斯敦殖民者定居点的人吃人事件的证据：一名新近掘出的14岁女孩的遗骸显示，她的大脑、舌头、面颊和大腿肌肉在她死后被割掉。科学家还基于头盖骨遗存重建了一些文艺复兴时期的名人形象，其中包括著名诗人但

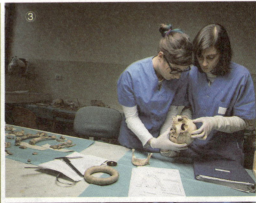

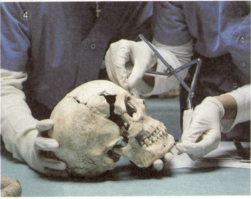

丁等。他们还发现，彼特拉克（1304—1374，意大利诗人、学者、欧洲人文主义运动的主要代表）的头骨竟然在某个时刻被代之以一名年轻妇女的头骨。

不过，在古病理学方面取得最重要、最惊人发现的人还是要算弗纳恰里。在过去50年中，运用法医学工具、医学科技以及来自于人类学、历史和艺术的线索，他和同事发掘并调查了来自于整个意大利的名人遗骸，其中包括国王、名乞、圣人、战士和阉人明星歌手(18世纪时为保持自己似女人的歌声而在男童时期即受阉割者)等。弗纳恰里本人则检验了一些贵族家族成员的遗骸，其中包括佛罗伦萨的美第奇皇族和那不勒斯的阿拉贡家族，这些人的遗骸提供了有关文艺复兴时期日常生活的种种独特线索。

有人指责说，这类工作纯属低级趣味，毫无意义，它扰乱了死者的永恒平静。而事实上，古病理学调查对于研究过去和未来都有着重要意义。在弗纳恰里破解历史上一些最古老谜题和谋杀谜案的同时，他的工作也有着生与死的相关性。弗纳恰里在古尸身上发现了疟疾、肺结核、动脉硬化和癌症等的明显迹象，这有助于了解这些疾病的起源和预测它们的病理学演化趋势。

弗纳恰里目前的"患者"是本文开头所说的发掘于圣母教堂的康拉德·德拉·斯卡拉。此人是维罗那市的大军阀，其家族在700年前用铁腕统治着维罗那市及意大利东北部一部分地区。他们的统治始于意大利文艺复兴启蒙时期，这一时期激发的艺术创造力和新的自我认知照亮了中世纪的黑暗，永久性地改变了欧洲历史。康拉德本人堪称这一时期的典范人物：乔托（1266—1337，意大利画家、雕刻家和建筑师）为他绘制

了肖像，诗人薄伽丘描述了他的骑士精神，但丁在其《神曲》第一篇——《天堂篇》中称赞他是英明领导人的范例。

1329年7月29日，在刚刚征服了特雷维索城（意大利地名），在胜利进入城里后，康拉德突然暴病，几小时后死亡。多部中世纪编年史中说，在这场征战后不久，康拉德喝了有毒泉水。但弗纳恰里怀疑这种说法，原因是他一直不大相信投毒之说——按照传言，古代意大利的名人似乎都死于下毒，这显然不合理。弗纳恰里起初怀疑康拉德感染了某种肠胃病，因为他死于夏季，其症状中包括呕吐和腹泻。

最终答案隐藏在康拉德的尸体内部。他的尸体在大理石墓中的干燥、温暖环境中自然地变成了木乃伊——干尸。他的病理与14世纪的君主和马背上的战士身份很吻合。例如，他的臀部、膝盖、手肘和骶骨-腰椎关节炎症状是源于他很多时候坐在马背上挥舞长矛、大刀等重武器所致。他的肝病有可能系病毒而非酒精导致，因为在他的时代还没有烈性酒。他的呼吸道疾病——煤肺病，可能与当时的世界由火而非电点亮和供暖有关。当时的宴会厅和寝宫由火炬照明，烟囱的出现是百年之后的事。当时军用帐篷里使用铜火盆，这些可能就是造成煤肺病的原因。

然而，最奇怪的是对康拉德的肠道和肝脏实施的花粉分析和免疫化学检验的结果。弗纳恰里分离出了两种植物的花粉：德国洋甘菊和毛地黄（洋地黄）。其中的洋甘菊被广泛用于镇静，因此他推测康拉德平时应该会喝洋甘菊茶。但洋地黄包含两种强力的心脏刺激

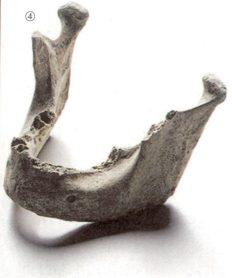

④

达·芬奇名画《蒙娜丽莎》的原型到底是谁？500多年来，历史学家们一直争论不休。2013年8月媒体报道，为解开蒙娜丽莎身份之谜，意大利研究人员决定打开佛罗伦萨的一座家庭墓穴，对墓中的遗骨进行DNA检测，以确认达·芬奇名画《蒙娜丽莎》的原型。

关于《蒙娜丽莎》的原型，流传较广的一种说法是，她是佛罗伦萨商人杰拉蒂尼的妻子丽萨。杰拉蒂尼的家族坟墓位于佛罗伦萨圣母领报教堂主祭坛的后面，其中埋葬着她的丈夫和两个儿子。而研究人员先前在附近一处女修道院里发现了3具女子骸骨。丽萨据信生前在那座修道院当修女，并于1542年在那里去世。

此次，研究人员准备把这次打开的坟墓中的尸骸的DNA与那3具女子的DNA进行比对，以找出DNA与之吻合的女子骸骨，该女子可能就是丽萨。此次探索一旦成功，研究人员便可以通过头骨重塑该女子的相貌，而面带微笑的蒙娜丽莎将真真切切地出现在公众视野。

①② 图为弗纳恰里的研究对象之一——阿拉贡王朝的伊莎贝拉。有历史学家认为她就是《蒙娜丽莎》的人物原型。
③④其他研究者猜测《蒙娜丽莎》的人物原型是丽萨·杰拉蒂尼。图为研究者在检测发掘于一家修道院地下的骸骨。

物——地高辛和洋地黄毒甙（音dai），在康拉德尸体中检出的洋地黄剂量足以导致心搏骤停。在中世纪和文艺复兴时期，洋地黄被用作毒药。事实上，当时编年史中所提到的症状——腹泻、胃痛及发烧，与地高辛和洋地黄毒甙中毒症状完全匹配。由此，弗纳恰里断定，康拉德确系被谋杀身亡。当时的一部编年史中说，在康拉德死亡一个月后，他的一名医生被他的继任者马斯蒂诺二世处死，这暗示这名医生与杀死康拉德的计谋有关。但这场谋杀的主谋究竟是谁，迄今成谜，因为像康拉德这样独断专行的人树敌太多，就连雄心勃勃的马斯蒂诺二世如今也是被怀疑的主要对象之一。弗纳恰里感慨地说，他曾认为这个毒杀故事只是传说，但有时候传说也可能是真实的——是古病理学改写了历史！

弗纳恰里的古病理学实验室是由意大利科学部出资、由比萨大学建立的。通常情况下，数名科学家身着实验室制服研究放在大理石桌面上的人类骨骸，例如研究在1854年和1855年托斯卡纳疟疾爆发中遇难者的骨头，并且把解剖学数据输入电脑数据库。古病理学家破解历史谜题的步骤中，首先是用卡尺等工具对骨骸及组织进行基本检查。与此同时，他们参考史料记载，创建被调查者所在时代的基本背景。过去15年来，弗纳恰里团队运用附近一家医院里的常规X光和CT成像设备检验古人的组织和骨骸，就像对现代患者那样对古尸进行组织学检查，以便更好地了解肿瘤及其他疾病。他们依赖一台电子显微镜来检查组织。最近，他们又采用免疫学、同位素和DNA检测来提取样本中包含的更多信息。

弗纳恰里团队遇到的最惊人案例中包括阿拉贡家族和美第奇皇族。其中最令弗纳恰里难忘的"患者"是阿拉贡家族的伊莎贝拉。她生于1470年，是意大利最著名朝廷中最闪亮之星，以智慧、美貌、作战勇敢、毅力超群而著称。她认识达·芬奇，一些艺术史学家相信她就是达·芬奇名画《蒙娜丽莎》的原型。她和多名朝臣甚至达·芬奇本人都传出过恋情。费纳恰里用电子显微镜对伊莎贝拉的牙齿进行了仔细的检验，发现她的前排牙齿的外表面被细致地锉过，一些牙齿的珐琅质被彻底清除，目的显然是去除因年久而产生的斑痕；在她的后面牙齿上有未被锉掉的黑斑，被查明源自汞——在她生活的时代，汞被认为能治疗梅毒。备受妒恨而又自豪的伊莎贝拉，竭尽全力掩盖恶疾带给自己的越发严重的症状。

弗纳恰里对伊莎贝拉之父、那不勒斯国王菲拉特一世的检查也获得了重要成果。生于1431年的菲拉特一世曾主持过文学沙龙，还是天生的战士，聪明、勇敢而工于心计，而国内外的对手则都说他很残暴。菲拉特死于1494年，同时代的人称颂他一直到死都保持着智慧和健康。然而，他的晚年肖像显示他变得肥胖且时不时地遭受病痛折磨。弗纳恰里最终揭穿了菲拉特的健康神话。虽然菲拉特的木乃伊躺在雪松棺材里已达500年之久，并且在1509年被教堂大火严重损坏，但弗纳恰里还是提取到了他的一小段直肠，水合后它显示出黄斑，与现代活检发现的肠癌黄斑极为相似。从木乃伊组织提取DNA，弗纳恰里发现了原癌基因变异，这是菲拉特患有晚期肠癌的明确证据。通过辨识古代肿瘤的基因变异，弗纳恰里创造了新的医学历史。他的这些检验结果很可能为研究疾病演化提供了重要数据。

弗纳恰里随后还检验了菲拉特一世和其他阿拉贡家族成员的骨胶原，发现他们的饮食中有大量红肉，这与菲拉特所患的肠癌可能直接有关。科学研究已经证实，红肉会显著增加患肠癌的风险。从一个例子中就可见菲拉特的食肉偏好：1487年在他的朝廷举行的一场婚宴上，不仅有牛肉、带皮小牛头、酸汤羊肉、猪杂碎，而且还有蒜味香肠、火腿、肝酱及各种动物内脏。

文艺复兴时期的另一个著名美人——阿拉贡的玛利亚以骄傲、脾气火暴而闻名，其社交圈中包括米开朗基罗。但玛利亚也被发现患有梅毒和疱疹这两种性病。英俊惊人的菲拉特二世国王死时年仅28岁，他死前不久画家卡巴乔曾为他画了肖像。弗纳恰里发现他患有头虱，他还因使用汞来控制头虱而中毒。一名不知其名，但尸体衣饰极其富贵的阿拉贡家族成员死时也只有大约27岁，他的左胸第八和第九肋骨之间有致命刀伤，还有大出血的迹象。

弗纳恰里还研究了死于1570年前后的一名两岁阿拉贡家族小孩的电子显微照片。他注意到了致命的天花病毒，它呆在坟墓里几百年后竟然还会对天花抗体产生反应。因担心这种病毒依然有传染性，意大利卫生部威胁要关闭弗纳恰里的实验室，并且没收这具婴儿尸体。但弗纳恰里此前已把样本送到美国和俄罗斯，那里的专家宣布这种病毒的DNA已经不具有生物学活性，因而无害。意大利官方才善罢甘休。

从2003年开始，在发掘美第奇皇族成员的遗骸期间，弗纳恰里发现了一些动人的细节和个人故事。美第奇皇族是意大利文艺复兴时期艺术、知识和经济生活的重要推动力，在其帮助下，佛罗伦萨被建设成为西方世界的文化中心。美第奇皇族是布鲁内莱斯基（大建筑师）、达·芬奇、米开朗基罗、波提切利（文艺复兴早期的著名意大利画家）和科学大师伽利略的主顾。不谙世故的十几岁少年柯西莫一世于1537年突然登上佛罗伦萨权力巅峰，他拯救了城邦国佛罗伦萨，把一个在外国势力控制下摇摇欲坠的共和国转变成了一个独立的大公国，让它再度成为欧洲舞台上的一个主要演员。他建立了乌菲兹美术馆，把佛罗伦萨人从外国军队手中解救出来。他还建立了一支强大的海军，并在1571年的大战中成功阻止了土耳其帝国接管地中海。

有关柯西莫一世的大量传记信息，使得弗纳恰里能合并当时的证词和法医学调查。有关柯西莫和他的后代的记录在意大利近现代史上是最纵深的，"美第奇档案计划"的在线数据库中包含大约10000封信件和对超过11000人的传记记载。世界各地博物馆中收藏的柯西莫一世肖像刻画了他从1538年的看上去害羞、过于谨慎的年轻人成长为1565年的大胡子战士，再到1574年的肥胖、厌世、目光无神的老者的全过程。朝廷御医和外国使节的报告详细记载了柯西莫一世的病史：他年轻时挺过了天花和肺炎，晚年却被左臂麻痹、心理状态不稳定、大小便失禁、关节痛风等疾病困扰。

弗纳恰里在检查柯西莫一世的遗骸时，发现他曾经是一个强壮和活跃的人。他患有骶骨-腰椎关节炎，部分股骨肥大、糜烂，股骨上段压缩、旋转及其他畸形，这些都是骑马征战者的典型症状。弗纳恰里注意到，柯西莫椎骨之间的结节是他年轻时胸前背负重物（很可能是铠甲）的迹象。弗纳恰里还注意到，柯西莫的弥漫性关节炎和第六、第七及第八胸椎的骨化以及可能的弥漫性特发性骨肥厚征兆，可能与和糖尿病有关的一种老年病有关。事实上，美第奇皇族及当时其他的上流社会家族饮食中富含甜食，而这种在当时象征着社会地位的饮食经常会造成健康问题。

另一个生动的标志物是柯西莫极差的牙齿状况。他的下颌骨右侧有一条巨大的裂缝，这是严重牙周病的结果。脓肿吃掉了他的第一臼齿和一大块骨头，并在下巴上留下一个大坑。弗纳恰里对美第奇家族和阿拉贡家族其他高阶成员的检验，也发现了惊人的脓肿、烂牙齿和掉牙，这表明就连当时富贵阶层的日常生活也充满痛苦。

柯西莫的妻子埃琳诺是那不勒斯西班牙总督的女儿，和多个皇族有关。文艺复兴时期著名画家布龙齐诺为她画了大量肖像，真实记录了她从光彩照人的高傲新娘到30多岁就沦为未老先衰的病妇的过程，她年仅40岁就死了。弗纳恰里发现了蹂躏她的病魔，牙病困扰着她，微微卷曲的腿表明她从小就患有佝（音gou）偻病。生孩子也让她大受其罪：骨盆记号显示她多次产子，事实上她和柯西莫一共生了11个孩子。她几乎时刻都在怀孕，这让她体内的钙大量流失。进一步分析表明，她患有利什曼病，这种寄生虫病由沙蝇叮咬传播，可导致皮肤溃烂、发烧及肝脏和脾脏损害。DNA检测还揭示她患有肺结核。总之，她曾经健康强壮，但她的生活充满艰辛。

最终，弗纳恰里打破了有关柯西莫和埃琳诺的一个儿子被谋杀的传言。1587年9月25日，红衣主教费迪南多·美第奇（柯西莫和埃琳诺存活下来的二儿子）在佛罗伦萨附近美第奇皇族的波吉奥乡间别墅造访了哥哥弗朗西斯科一世。这对兄弟多年来一直不和，他们的关系被野心和嫉妒所害：费迪南多嫉恨哥哥弗朗西斯科，因为自己垂涎已久的"托斯卡纳大公爵"称号在柯西莫死后被给予了他；他还很讨厌自己的嫂子毕安卡·卡佩罗，因为她和弗朗西斯科所生的小儿子安东尼奥看来将最终会继承王位。

这次团聚或许是一个机会，能在两兄弟间架起桥梁，从而恢复家族的和睦。然而，在费迪南多到访后不久，弗朗西斯科夫妇就病了：痉挛、发烧、恶心、严重口渴、胃烧热。几天后双双死亡。费迪南多大办丧事，风风光光地分别安葬了哥哥和嫂子，并且对侄子安东尼奥实施了黄金流放(即让他在安全的国外过舒适的生活)。从此，费迪南多加冕自己为托斯卡纳大公爵。

难怪流言迅速传开：弗朗西斯科夫妇是被谋杀的——费迪南多用砒霜毒死了哥哥和嫂子，从而为自己登基清除了障碍。的确，砒霜是文艺复兴时期投毒者青睐的毒药，因为它不会在遇害者身上留下明显的症状。但也有人说，毕安卡自己制作了含有砒霜的蛋糕给她痛恨的费迪南多吃，孰料她的丈夫误尝了第一口，惊恐之下，毕安卡也吃了蛋糕以陪伴自己心爱的丈夫去天国。总之，阴谋的乌云此后几百年来一直笼罩着这对不幸的夫妇。

2006年，以玛丽为首的一组意大利科学家发表论文称，弗朗西斯科和毕安卡的确死于砒霜中毒。他们称，他们从托斯卡纳一间教堂地窖的装遗骸的瓮中采集到了相关的组织样本。根据最近在一份意大利档案中发现的1587年史料，弗朗西斯科夫妇死后，他们的内脏被取出，装在陶瓮里并葬于教堂的地窖中。事实上，这种做法在当时并非罕见。但也有记载说，弗朗西斯科当时被埋葬于佛罗伦萨的美第奇礼拜堂中，毕安卡则下落不明。玛丽等人声称，他们在属于弗朗西斯科和毕安卡的组织样本中检测到了致命剂量的砒霜，有关他们被毒杀的传言是真实的。

而弗纳恰里则对此说法进行了反驳。他指出，上述取自陶瓮中的组织样本很可能并不属于美第奇皇族的这对夫妇，而可能属于几百年来埋葬于此教堂中的数百人中的任何一人。事实上，这两只陶瓮里的陪葬物测年结果是远在这对夫妇死亡超过百年后。弗纳恰里还指出，就算这些组织来自于这对夫妇，玛

传言说，弗朗西斯科一世及其妻子毕安卡是被前者的弟弟费迪南多毒死的。而弗纳恰里认为，是疟疾要了这对夫妇的命。
图①为弗朗西斯科一世，图②为毕安卡，图③为费迪南多。

丽等人检测到的砒霜水平也不能构成谋杀的证据。因为砒霜能保存人体组织，在文艺复兴时期经常被用于尸体防腐。由于这对夫妇的尸体肯定经过防腐处理，因此在他们的遗骸内发现砒霜不足为奇。此外，弗朗西斯科本人是热衷的炼金师，如果他的身体组织中有砒霜，也完全有可能来自于他在王宫里从不倦怠的炼金实验。

弗纳恰里分析了来自于弗朗西斯科的骨骼样本，显示他死前已经急性感染了能引起凶险型疟疾（也称恶性疟或热带疟疾）的疟原虫。弗纳恰里还注意到，直到20世纪，疟疾一直流行于托斯卡纳的海岸低地。在发病前的三年里，弗朗西斯科夫妇喜欢在波吉奥别墅附近打猎，那里的环境中充满了传播疟疾的蚊子。费纳恰里指出，弗朗西斯科和毕安卡的症状，尤其是一阵阵高烧症状，与凶险型疟疾完全匹配，而与砒霜中毒症状并不相符。

此外，弗纳恰里的工作还曾预计用到伽利略身上。2009年，在大天文学家伽利略用望远镜首次观测天体400周年之际，伽利略博物馆馆长和弗纳恰里等科学家宣布，对伽利略的遗骸（埋葬在佛罗伦萨圣十字大教堂里）进行检验。他们计划对伽利略的骨骼样本做DNA检测，希望能获得有关折磨晚年伽利略的眼疾的线索。伽利略有时报告说他看见光源周围有晕，这可能正是他所患眼疾所致。了解伽利略的眼疾根源，也能解释他的错误记录。例如，伽利略曾报告说土星有一个明显的凸起，这可能是由于他的眼疾导致他把土星环看成是一种凸起。科学家们还计划检查伽利略的头骨及其他骨头，并且研究葬在他旁边的两具尸体，其中一具已知属于他的一名学徒，另一具被相信但未证实属于他的女儿。但由于反对力量较强，上述计划迄今没有实施。

木乃伊揭示：心脏病困扰古人

一项针对木乃伊的大规模调查发现，即便没有快餐和香烟等现代诱惑，心脏病和中风也一样困扰着古代世界。这一发现暗示，心脏病也许是衰老的自然过程的一部分，与吸烟、吃高脂肪食物和缺乏锻炼等没有直接的关系。

对137具木乃伊的CT扫描显示，其中1/3都表现出动脉硬化的证据。动脉硬化会引起心脏病和中风。受检查的木乃伊当中，超

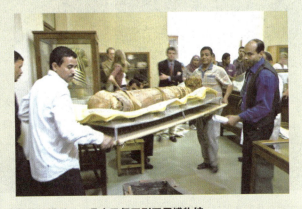

接受扫描后，一具木乃伊回到开罗博物馆

过半数来自埃及，其余来自秘鲁、美洲西南部以及阿留申群岛，它们的年代在公元前3800年至公元1900年。

心脏病在全球已经肆虐了4000年以上，那些有动脉血栓的木乃伊在当时来说都活到了比较大的岁数——43岁左右，而那些只活了32岁的人则没有这种症状。大多数情况下，科学家无法确定这些人是不是因心脏病或中风致死。

让科学家颇为吃惊的是，古代阿留申岛民也患动脉硬化，因为作为狩猎－采集者的他们被认为拥有健康的生活方式。

但科学家也指出，可能有未知因素导致这些古人的动脉变窄。例如，美国古印第安人生活在地下和峭壁上的洞穴中，用火烹制食物，由此产生了烟雾，大量吸入这种烟雾等同于吸烟。

以往的研究也发现一些埃及木乃伊患有心脏病，但这些木乃伊被认为属于精英阶层成员（一些科学家相信古埃及人只制作精英阶层成员的木乃伊），而这些人生前大鱼大肉，缺少锻炼。但是，最新研究的对象属于不同的地区、文化和社会阶层，饮食习惯也各不相同。

直到20世纪，感染性疾病都是人类健康的最大威胁之一。抗生素的研发和讲究卫生不仅大大延长了人的寿命，也暴露出了下一个大杀手：与年龄相关的心脏病。有科学家指出，动脉硬化或许有基因倾向，人类看来尤其容易患心脏病，因此查明哪些基因与此有关可能很重要。

也有科学家警告说，不应该从木乃伊身上去断定太多信息。例如，钙化动脉也可能由内分泌障碍等其他疾病导致，而这是CT扫描看不出来的。事实上，动脉硬化并非是衰老的必然结果之一，大量研究显示生活方式与心脏病强烈相关。现代人要想避开心脏病的话，良好的饮食习惯，不吸烟也不被动吸烟，以及身体锻炼，这些是最重要的。

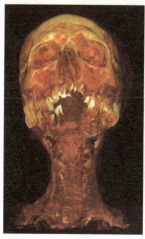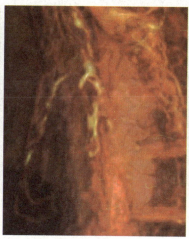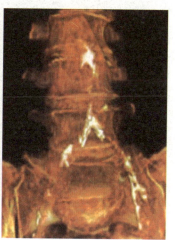

这两具埃及木乃伊被发现有明显的动脉钙化迹象

（刘声远）

泥炭人新探

——来自北欧泥炭沼泽的真实故事

以往，人们总以为泥炭人要么是罪犯、性变态者，要么是受到残酷折磨的殉人（被杀以祭神的活人）。但事实真的这么简单吗？

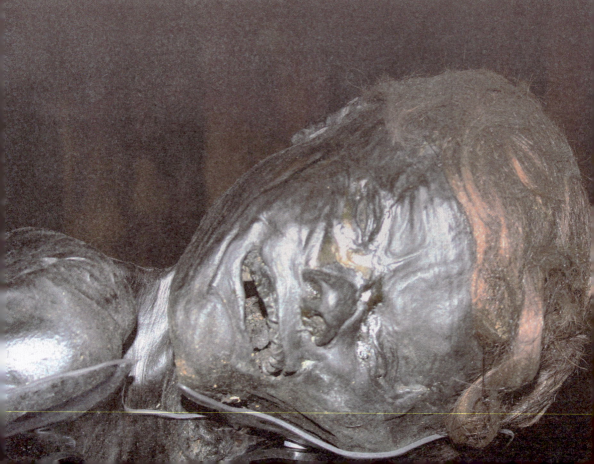

除了患有不算严重的牙周病以外，这个30多岁、身高约170厘米、体格健壮的男子堪称很健康。最近他喝过一种用大麦、草和小麦熬的粥，或许还吃了几口肉。然而，这却是他的最后一餐。这餐之后12～24小时之间，他就被勒杀了，喉部被从一只耳根割到另一只耳根，然后尸体被扔进丹麦的一处泥炭沼泽。此后他就躺在那里，直到1952年，当附近格劳伯尔村的居民前来挖泥炭作燃料时，他的遗骸终于重见天日。当时，他的皮肤还很完整，满头的头发也都还在。很快，他就成为出名的"格劳伯尔人"，尽管他看上去像是最近才死的，但实际上他生活在大约2300年前，是名副其实的古人。

32年后，在英格兰西北部的林斗泥沼中，挖泥炭者以为自己看见了一块堵塞切割机的木头，他们把它从切割机上取了下来。当上面覆盖的泥炭脱落后，他们才发现这竟然是一条人腿。当时警方正在此地调查一桩可能的命案，因为一年以前在这里发现了一颗人头，被认为属于当地一名神秘失踪的女性。这个妇女的丈夫很快就承认自己谋杀了妻子。而事实上，这具头骨并不属于这个妇女，而是属于一名生活在距今2000年以前的男子。考古学家在征得警方同意后，将包含那条人腿的一整块泥炭带回实验室检验，结果该男子的头颅、双臂和躯干很快都浮现了出来。这具泥炭人，后来被叫作"林斗人"。

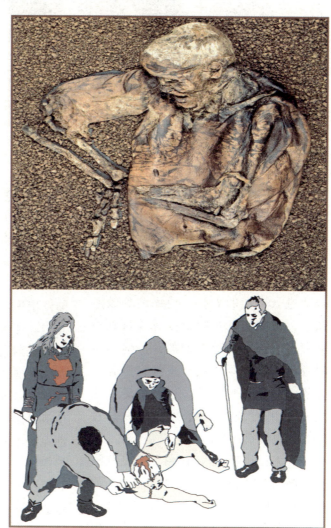

上图：林斗人
下图：林斗人死亡情景（想象图）

林斗人生活在公元1世纪，死时20多岁，身体健康。他死前刚理过发，经过仔细修剪的指甲和嫩滑的手掌都暗示

已成泥炭人的鲍里斯·拉孔列夫

生活年代则很近，比如在泥沼中发现的苏联战斗机飞行员鲍里斯·拉孔列夫的遗骸，而他的战机是于1943年在俄罗斯北部被击落的。在迄今发现的所有泥炭人中，只有大约20个像格劳伯尔人和林斗人那样完整，其他的则只剩下骨骸或残肢。许多泥炭人在发现后就被仓促移走，其中一些因保存不当而毁坏，或者被遗忘在了博物馆的储藏室里。一个泥炭人在伦敦的一次拍卖会上被出售，一些泥炭人甚至被磨成"木乃伊粉"，作为具有"神秘效果"的药物来贩卖。

他没干过什么体力活。他死前也刚吃过一顿饭——烤麦麸饼和用槲寄生（一种常用作圣诞节室内挂件的植物）制作的饮料。吃完这顿饭之后不久，他的头部就遭到两次重击，其中一击使得骨碎片进入了他的大脑。他还遭到绞索勒杀，绞索由动物肌腱做成（直到他被发现时仍套在他的颈部），他的两根颈椎断裂，颈子被一直割到静脉，他的一根肋骨也断了，很可能是被他人膝盖用力顶在他背上压断的。接着，他也被扔进泥沼。

过去1万多年来，泥沼尤其是欧洲西北部的泥炭沼泽一直是成千上万人的最终安息地。对泥炭人（在泥炭沼泽中发现的古代亡者）的首批发现报告出现于18世纪，此后不断有泥炭人被发现，而且常常都是由挖泥炭的人发现的。有些泥炭人非常古老，其中最早的泥炭人是来自丹麦的"科比堡妇女"，她生活在大约公元前8000年。有些泥炭人的

尽管如此，仍有许多泥炭人样本留存至今，近年来也有一些新的样本陆续出现，泥炭人继续挑战着人们的想象力。考古学家说，泥炭人之所以很特别，是因为他们皮肉仍存，因而看上去就像是现在的人。诸如面貌复原之类的技术使我们看到了"伊德少女"（一个多世纪以前在荷兰发现的一名16岁女性泥炭人）在世时的容颜，而X光和CT扫描则让科学家看穿了格劳伯尔人的皮肤，看见了他胃里的东西，看清了他身体的每一寸。

那么，我们对这些古代泥炭人的了解又有多少呢？"泥炭人"这个术语，通常是指来自欧洲西北部、在泥沼中发现、年代属于铁器时代（公元前500—公元100年）的数百具人类遗骸。由于泥沼是生活在那个时期的克尔特部落人举行

伊德少女的泥潭干尸

伊德少女复原像

献祭包括杀活人祭祀仪式的神圣场所，所以现代人惯于以耸人听闻的方式来解读泥炭人：泥炭人要么是罪犯、性变态者，要么是受到残酷折磨的殉人（被杀以祭神的活人）。可实际情况果真如此吗？经过对泥炭人的仔细探索，考古学家开始意识到，以如此单一的方式解读泥炭人是不正确的，必须针对泥炭人的发现地点，以及和这些泥炭人的生活时代相关的情况，进行具体的分析。

在过去100年中，由于对泥炭的过度挖掘，泥沼一直在加速消亡，现在要想新发现泥炭人变得越来越困难。正由于此，目前对泥炭人的研究集中于重新检验在20世纪发现的那些泥炭人所属的年代、他们死前的营养状况、他们的具体死亡方式，以及他们的遗体得以保存至今的环境条件等。研究者们也正致力于纠正以前因一味制造轰动效应而导致的在解读泥炭人方面的种种谬误。许多先前被归因于折磨或暴力处死手段的伤痕，现在被认为很可能是由自然原因形成的。例如，格劳伯尔人的腿骨和头骨断裂，现在被相信是由千年来的泥炭重压所致，并非是处死过程导致的。至于一些泥炭人浑身赤裸，很可能是因为他们千年来一直置身于潮湿的酸性环境，他们的亚麻衣物已被全部分解了，他们的赤身裸体应该同其死亡方式没有关系。

下面，我们将介绍一些最具代表性的泥炭人，他们各自有着自己的故事，而这些故事就写在他们的保存完好的残骸上。

克兰德·哈兰人

2001年，在苏格兰西岸外赫布里底群岛中的南尤伊斯特岛上，考古学家在一座已有3000年历史的房屋的地面下发现了两具不同寻常的人骨架。这所房屋是克兰德·哈兰的四座"圆屋"之一，

"克兰德·哈兰"一词源自附近的一处现代墓园，这里位于一片条状的沙地，从公元前2000年到公元1300年，一直有人在此地居住。

这两具骨架中，有一具属于一名较年迈的男性，他死于公元前1500年左右；另一具属于一名女性，她卒于公元前1300年前后。埋在沙土中的这两具骨架，同那些皮肤就像皮革的泥炭人之间有什么关系呢？考古学家经过仔细分析、检验和观察，发现这两名死者的遗体都曾被刻意放在泥沼中制成木乃伊，然后才移葬到了沙土里，它们也是欧洲早期部落中罕有的此类木乃伊。

考古学家是怎样得出上述结论的呢？这里涉及一个法医考古学过程。首先，两具骨架都很完整，并且都以胎儿姿势埋葬。那名妇女死后，她的两颗牙齿被取下并放在她手中。那名男子的遗骸更奇异：他的躯干和四肢属于一个人，头颅属于第二个人，一根颚骨则属于第三个人，并且这三个人是在一个

150年的时间跨度中先后死亡的。通过对这些遗骸和房间地面上烧焦的谷粒进行放射性碳时间测定，研究人员发现，这些骨骸是在这些人死后很长时间才被埋葬的，具体而言，它们曾在地面上待了几百年之久。不过，这些骨架上的关节仍然相连，这意味着在骨骸下葬时皮肤和肌腱依然连接着骨头，而在南尤伊斯特岛潮湿的气候条件下，除非采取某种形式的人工防腐措施，否则是绝无可能做到这样的。

要想破解上述谜题，研究人员手中的唯一线索就是骨头。当尸体腐烂时，肠道中的细菌会分解人体组织，在骨头上钻出微小的洞。通过检测骨密度，研究人员发现这两名死者的尸体已经开始腐烂，但这一过程随后突然中止。他们还发现这两名死者的骨骼外层已开始去矿物化，这与通常在酸性环境比如泥沼中出现的情形是一样的，显然，这两具尸体当初是被刻意置于泥沼中保存的。就算是在今天，几千米外就有多处泥沼。把尸体放在泥沼中泡6～18个月或更久，尸体腐烂过程即停止，皮肤和肌腱就被鞣成革，但还不足以将骨骼完全去掉矿物。此时，两具尸体被移出泥沼，加以包裹后放在一个温暖、干燥的圣地展示了几百年之久。

这两个死者很可能都属于统治阶层，这暗示在史前欧洲祖先崇拜颇为盛

克兰德·哈兰人

行。但仍有诸多奥秘尚待破译，例如，为什么其中一具骨架会由三个死者的骨头拼接而成？为什么这些人最终会被埋葬？这些问题目前仍无答案。

温德比女孩和威尔丁吉情侣

对古人遗骸（不管是骨架还是木乃伊）的研究，很少会像对泥炭人的研究那样激发无穷的想象力。50多年前，当德国温德比镇一处泥沼中出现一具少女的裸体尸体时，学者们立即断定她同他们之前见过的其他泥炭人一样，是非自然死亡的受害者。她看上去被蒙上了眼睛，半颗头颅被削掉。

在距离这个泥炭少女——温德比女孩仅几米远的地方，挖泥炭者又发现了一具中年男性泥炭人的裸尸，他显然是被一条榛树枝勒杀的，然后被固定在一个木桩上。人们顺理成章地推测，这两人是因为通奸被处死的。然而，温德比女孩的尸体上并无任何伤痕，反而有明显证据显示她很可能是死于疾病发作或严重的营养不良。事实上，人们当初很可能用一条羊皮带来固定她的头发，但在尸体萎缩后，发带从头上滑落下来并盖住了她的双眼。至于她的半颗头颅被"削掉"，有可能是源自尸体腐烂的自然过程——她的一半头颅比另一半更多地暴露在氧气（空气）中，也有可能是在挖掘过程中被铲刀铲掉了半颗头颅。究竟是哪种情况，目前还难以查证。

其实，温德比女孩根本就不是一个女孩。数年前，一位著名人类学家检验了温德比女孩的尸骸，其头骨和盆骨都

证明"她"实际上是一个年轻男性。那么"她"的那位中年男性"情人"又是谁呢？放射性碳时间测定结果显示，温德比女孩死于公元1世纪，而那个温德比男子则死于公元前3世纪。

在发现"温德比女孩和她的情人"几十年后，同样的问题又困惑着"威尔丁吉情侣"——1904年在荷兰发现的一对泥炭人。其中一人的盆骨得以保存，据其很容易就判断出这是一名男性。另一人因体形较小，当时被辨别成一名女子。他们姿势亲密，看上去好像是一人

温德比女孩

"温德比女孩"的复原头像

■ 105

温柔地拥着另一人。这打动了许多人，他们理所当然地称这对泥炭人为"琼和达比"。

可是，威尔丁吉情侣最终被查明实际上是一对男性。古罗马元老院议员兼历史学家塔西佗声称，德国部落会处死同性恋者并将他们丢进泥沼中。那么，威尔丁吉情侣是否正是一对受罚的同性恋人呢？由于威尔丁吉情侣的死亡时间远离塔西佗时代至少150年，所以这一猜测是真是假无从考证。

考古学家现在认为，这两名男子有可能是一对殉人（其中一人死亡时胃部被划开），是一起被抓获的战士，或者是同一时间下葬的家族成员。直到现在，这两人之间的关系仍然是谜。

"威尔丁吉情侣"

克龙伊卡万和老克罗根人

在大约公元前500年，始于中欧的克尔特文化开始蔓延到不列颠和爱尔兰。爱尔兰的克尔特部落被分割成大约150个王国，其中每个都用木桩和立石来标明自己的边界。

七年前，在爱尔兰米斯郡的克龙伊卡万镇的都柏林附近和奥法利郡的克罗根山附近，先后发现了两具泥炭人，时间仅相隔三个月。其中，克龙伊卡万人被挖沟机砍为两段，但研究人员仍找到了他的躯干以上部分。他的头颅似被用石斧砍开，鼻梁也疑似被石斧砍断。在40千米外，挖泥炭工又发现了老克罗根人，虽然他只剩下了躯干和手臂，但可明显看出他遭到了过度杀戮。他左上臂的伤痕暗示他曾尝试用左上臂来保护自己。他当时被用榛树枝穿过上臂捆绑，然后被刺穿胸部，猛击颈部，最终被斩首并砍成两半。

碳时间测定结果显示，克龙伊卡万人生活在公元前392—前201年之间一段时期，老克罗根人生活在公元前362—前175年之间一段时期，两者都生活在克尔特铁器时代的巅峰期。同格劳伯尔人和林斗人一样，克龙伊卡万人和老克罗根人也都是年轻男子，都没有干过什么体力活，并且死时都很健康。通过检验毛发中的化学痕迹，研究人员发现克龙伊卡万人的饮食中富含蔬菜，他被害于夏季或初秋的新鲜蔬菜丰富期。他的头发缠结后被用植物油和松脂制作的黏胶固定在头顶，而黏胶的原材料应该是引进自法国或西班牙西南部，这暗示克

老克罗根人的部分尸骸　　　　　　克龙伊卡万人

龙伊卡万人本人或者杀害他的人当时已在与欧洲大陆进行贸易。

　　研究人员也发现了象征老克罗根人财富与地位的证据。他身高近两米，在其所在的时代堪称特别高。对他的头发和指甲进行的检测表明他经常吃肉，而肉在当时和当地是一种昂贵的奢侈品。与之形成鲜明对比的是，他的最后一餐只是麦片和乳酪，考古学家相信这是一种仪式餐。一条编织的皮带环绕他的一条手臂，他还有一只表面覆盖铜合金装饰的青铜护身符。

　　通过检验克龙伊卡万人和老克罗根人的生与死的细节，考古学家开始重新解读在爱尔兰发现的六个保存完好的泥炭人。他们相信，这些男性泥炭人都是失败的国王或王储，他们被杀死后放在泥沼中作为重要的边界标志。尤其引人注目的是，克龙伊卡万人和老克罗根人的乳头都被割掉。事实上，吮吸国王的

乳头在古代爱尔兰是表示顺从的姿态，割掉乳头意味着此人不可能当上国王。当胜利一方的国王举行登基仪式时，战败方的国王或王储就被会杀死以献祭给胜利国的土地神。至于克龙伊卡万人和老克罗根人身上为何有多处伤痕，或者说他们为何遭受如此暴虐的行为，考古学家推测这可能反映了克尔特人的信仰：女神不只掌管土地与丰产，而且主宰着最高权力、战争及死亡。古爱尔兰人相信，只要运用多种方法来杀死敌人，就满足了对女神各种形态的献祭。

托伦德人

　　丹麦考古学家格洛伯在其1969年所著的《泥炭人：铁器时代使者》一书中如此描述托伦德人："就仿佛这个死者的灵魂通过西天的一扇门，一时间从另一个世界重返人间。"对于一般人来

托伦德人面容很安详

说，第一眼看见生活在距今2000年前的托伦德人，多半会觉得他没有死，而只是睡着了。他什么也没穿，只戴着一根皮带和一顶羊皮帽，脖子上套着一根皮绳——他看上去显然是被勒死的。

在发现托伦德人之前也发现过不少泥炭人，但他们似乎都不如托伦德人这般特别。有考古学家形容说，托伦德人"很养眼"，因为他看上去好像是那样的安详，就算他是被杀死来献祭的，他

也可能是被人们满怀敬意地温柔地处死的。这就难怪虽然有那么多泥炭人，而托伦德人最终却成为其中的超级巨星。

尤齐特女孩

2000年，在德国尤齐特一处泥沼中，一名操纵挖沟机的挖泥炭者发现了各种各样的人体遗骸——皮肤、毛发、腿骨、一只脚、指甲和胸腔等。警方随即赶到现场，由于尸体赤裸，他们怀疑这是一名性犯罪的受害者。但因为缺乏其他任何线索，无法确定死者身份，此案只好搁置一边。

五年后，在同一地点又发现了一只手，警方再度被叫了过来。由于这只手的发现位置远在现代挖泥炭层下面很深处，警方意识到它不应该属于一名现代受害者。最终，他们一共发现了一个年龄在16～19岁之间的女孩的超过100块

托伦德人

尤齐特女孩的手

残骸。碳时间测定结果表明，这个女孩死于公元前650年左右。不幸的是，这个泥炭人已被挖沟机搞得四分五裂。

女孩死在这个巨大的黑暗泥沼的中央，只有跳过泥沼中由石南属植物和矮树构成的一个个小岛，女孩方能抵达这个位置。那么，她当初冒险来到泥沼中央究竟是为什么呢？一位著名的湿地考古学家推测，女孩当初很可能前来收集乌饭树——早期德国部落曾使用这种有毒植物的果实，但她不幸滑落到泥沼中再也爬不起来。总而言之，女孩肯定不是被谋杀的，因为在她身上没有发现任何暴力证据。换句话说，她极可能死于事故。

红毛弗兰茨

1900年，在德国的波坦吉摩沼泽中，人们偶然发现了一个年轻男性泥炭人。由于泥沼中酸性环境的影响，他的头发、胡子和眉毛都变成了红色，于是人们很快便习惯地称他为"红毛弗兰茨"。在这个泥炭人被移往当地博物馆后，研究人员对他进行了检测，结果在他的臀骨上发现了"骑手面"（因过多使用臀部肌肉和结缔组织而导致的凸起，经常骑马就会造成这样的凸起）。

研究人员还发现，红毛弗兰茨的上臂受过伤，很像是箭伤，但伤已痊愈了很久；他的锁骨也曾断裂过，同样也已痊愈了很长时间。那么，红毛弗兰茨

红毛弗兰茨

究竟是怎么死的呢？很长时间里，这个泥炭人一直都仰面躺在博物馆里供人参观。直到几十年后，当博物馆人员把他翻过身来呈俯卧状时，才发现他的喉部有一道很深的割痕，这道割痕至今在其颈背和肩部遗留的软组织上清晰可见。显而易见，红毛弗兰茨当初是被处决的。

随着对泥炭人的研究越来越深入，我们对他们死亡真相的还原将越来越逼近真实。然而，我们仍然无法知道某个泥潭人是一个巫师还是一个罪犯，是一个牺牲品还是一个受罚被处死者。

泥沼科学

泥沼是令人充满想象力的地方，它们既没有太多泥土，也没有太多水，既充满诱惑，又暗藏杀机。或许，最令人难解的就是泥沼保存有机材料的能力。这种能力是反直觉的：为什么像泥沼这样潮湿甚至发臭的地方却能保存有机物？一定是因为泥沼中的条件如此恶劣，如此充满敌意，就连司职于尸体腐烂过程的细菌也忍受不了，因而无法工作了。

当苔藓在低海拔处累积时，泥沼就形成了。苔藓令土壤充满水分，从而阻止氧和养分循环而入。通常情况下负责分解有机材料的细菌因缺氧而不能发挥功能，留下的就是一大堆虽然潮湿但不会腐烂的糊状物，这便是泥炭。苔藓在一堆泥炭顶部继续累积，形成新的泥炭层，如此循环。被埋在泥炭层中的有机材料分解程度很低，并且释放出多种复杂的化合物，科学家迄今不清楚这些化合物的具体构成，但其中一些化合物拥有防腐特性。在一些泥沼中，酸性条件就同醋一样，而其产生的效果则与鞣革类似，对有机材料有进一步的防腐作用。不过，不同的人体组织对泥沼中的酸性环境的反应也不同。例如，一些泥沼中的酸能够彻底溶解骨骼中的磷酸钙。

然而，泥沼生态环境相当复杂，即使在相对小的范围内，化学组成、水位，甚至温度等许多指标都可能明显不同。这些微环境之间的差异，常常决定着一处泥沼最终会保存下来什么，又会让哪些东西腐烂掉。一具尸体在泥沼中可能跨越多个微环境，于是一些身体部位被保存下来而另一些则腐烂掉。例如，托伦德人的脚的皮肉得到了完美保存，而他的手却只剩下骨架。

世界上只有一部分泥沼具备保存哺乳动物身体组织的合适条件，其中大多数都位于寒冷气候条件下的北欧含盐水体附近。例如，在丹麦"哈拉德斯科尔妇女"（一个已有2500年历史的泥炭人）遗骸的发现地，来自北海的含盐空气快速拂过加特兰湿地，为泥炭的生长提供了理想的环境条件。

随着新的泥炭替代旧的泥炭，位于下面的旧材料开始腐烂并释放腐殖酸（也被称为泥沼酸）。泥沼酸的pH值同醋相仿，泥沼酸保存人的尸体的方式同用酸洗方式保存水果是一样的。另外，因为泥沼是在缺乏排水的地区形成的，所以泥沼的一个典型特征就是几乎

泥沼中掩藏着许多秘密

完全缺氧。在强酸性而又缺氧的泥沼中，需氧有机体自然没有机会来引起腐烂。科学家发现，泥沼保存人体还有一个先决条件，就是尸体必须在冬季或初春时分被放进泥沼中，因为这时的水温才足够低——不到4℃，在这样的温度条件下，细菌无法快速生长以导致尸体腐烂，泥沼酸才有可能赶在尸体开始腐烂之前浸透身体组织。

泥沼中的化学环境是一种完全饱和的酸性环境，其中有机酸和乙醛的浓度相当高。在泥沼寒冷而又不流动的基质中，一层一层的泥炭癣包裹人体组织，阻止水循环和氧的渗透，从而有助于保存尸体。酸性泥沼在无氧条件下的另一个能力就是保存毛发、衣物和皮革制品。科学家已经在实验室中成功地复制了泥沼的保护过程。

必需指出的是，迄今已发现的大多数泥炭人都没有得到妥善保存，都出现了这样或那样的腐烂现象。当这类样本暴露在常温下时，就可能迅速开始腐烂。因此，许多泥炭人已被彻底毁坏。

泥沼中还保存了什么？

人类尸体并不是北欧泥沼的唯一"居民"。寒冷、潮湿、厌氧和酸性的泥沼也能保存金属、木头、衣物、动物皮及其他许多物品。在泥沼中发现的不少物品，据信都是古人故意丢在泥沼中奉献给神灵的供品。下面是其中一些引人注目的发现。

尼丹船 如今丹麦的尼丹泥沼在铁器时代是一座圣湖，古人将被征服者的武器和其他物品投入湖中。这个湖最终变成泥沼，也将年代在公元200—450年之间的各类物品保存了下来，其中包括三艘船：一艘已变成碎片，一艘在1864年当地的一场战争中丢失，还有一艘迄今完整。这第三艘船就是著名的尼丹船，其重量超过3吨，有15对船桨，它为现代人了解早期北欧造船工艺提供了无数宝贵的线索。1997年，两根一端有男性面部雕刻的木柱被发现，它们当初很可能就安装在尼丹船的舷缘上。

多丽丝宝藏 多丽丝宝藏的制造年代在公元前7世纪，一共包括差不多200件青铜矛尖、斧头、大弯角、鸣板（一种乐器）等。这个宝藏发现于爱尔兰奥法利郡的一处泥沼，这个泥沼当初很可能是一座湖，也是古人供奉神灵的一个主要场所。

法顿诗篇　2006年，一部用牛皮包装的牛皮纸诗篇在爱尔兰中部一处泥沼中被发现。这部中世纪早期的诗篇以拉丁文写作，如今被称为"法顿诗篇"或"第84篇赞美诗"，其主题是"再会，眼泪"。

赛伊德牧场　泥沼不仅隐藏小物品，有时甚至能保存一整片风景。20世纪30年代，在爱尔兰北马约海岸赛伊德地区一处巨型泥沼下面，一名挖泥炭者意外发现了一片年代在5 500年以前的建筑群落，其中包括房屋、巨石墓以及由石墙包围的田地等，显示当时这里有一个发达的新石器时代农牧体系。这个"农牧场"占地面积超过10平方千米，是全球已知最大的石器时代遗址之一。

特伦德霍姆太阳战车　这辆两轮青铜战车发现于丹麦西兰岛特伦德霍姆地区的一处泥沼中，长约60厘米，已有3400年历史。它塑造的是一匹马拉着太阳（仅在一面镀金）穿越北部天空的形象。1998年，运用金属探测器又发现了这架战车车轮的一些附件，而此时距离这架战车的首度发现已近100年。

冈德斯特拉普大锅　这口制造年代在公元前1世纪的大锅，1891年发现于丹麦希默兰半岛的一处泥沼中。这口经过装饰的银锅在被埋葬前被拆卸成了十几个部分，锅面上的图像包括众神、龙和一系列动物，明显属于克尔特风格，而锅的整体风格和工艺则具有强烈的欧洲东南部色雷斯特征。更奇怪的是，这口锅的原材料看来是来自波斯的硬币。另外还有专家认为，锅面图像具有印度风格。考古学家迄今无法对冈德斯特拉普大锅作出确定的解释。

尼丹船

赛伊德牧场遗址

特伦德霍姆太阳战车

冈德斯特拉普大锅

（汪琳）

"死亡冷笑"与下毒

大约2800年前，意大利撒丁岛上的居民们有一种奇怪的习俗——让死者的脸上呈现笑容。2009年6月，科学家宣称他们终于破解了这一习俗的奥秘：当时岛上居民借用一种特殊的植物药剂实施仪式性杀戮。这或许算得上是一种特殊的下毒方式。

公元前8世纪，古希腊诗人荷马杜撰了"冷笑"（sardonic grin）一词，词中的sardonic根源于Sardinia（撒丁岛，意大利在地中海中的一个岛）。荷马在自己的著作中多次提及：生活在撒丁岛上的人借助"冷笑药剂"实施仪式性杀戮。

撒丁岛的名字源自一些被古埃及人称为"撒达纳"或"撒顿"的海上流浪者。据史载，公元前1200年前后，这些来自迦南（今天叙利亚、黎巴嫩和以色列所在的地区）的海上流浪者在攻打埃及失败后来到撒丁岛，他们在岛上建造起石塔和石楼。过了很长时间后，又有一些来自近东的人登上了撒丁岛，这些人被古希腊人称为"腓尼基人"，古罗马人则称他们为"迦太基人"。

荷马在其著作中提到，在撒丁岛上，人们在处死人之前，会强迫其饮用一种药剂，这种药剂具有让人在死后发笑的古怪效果。荷马之所以称这种笑为"冷笑"，是因为当时人们无法理解死者为什么会发笑。

这些人为什么被处死？为什么要让他们死后发笑？最新研究发现，在当时的撒丁岛，人们对罪犯以及那些因年老体衰而成为社会负担的人灌服一种"冷笑药剂"，然后把他们从悬崖上扔下去，或者殴打致死。而他们这样做的原因是，撒丁岛上的迦太基人（腓尼基人）坚信死亡是新生命的开始，因此死者要以微笑迎接死亡。

那么，这种"冷笑药剂"的成分是什么呢？成百上千年来，这一直是个谜。直到现在科学家才发现，"冷笑药剂"中引发"死亡冷笑"的化合物（毒素）来自一种被叫作"毒水芹"的当地植物，这种开白花的植物生长在撒丁岛上的水塘和小河边。有趣的是，毒水芹还是胡萝卜和荷兰萝卜的远亲。

大约10年前，一名撒丁岛牧羊人服用毒水芹自杀身亡，留下一具面带惊人冷笑的尸体，这引起了当地的一位植物学家的研究兴趣，他着手对最近几十年来这座岛上与毒水芹有关的每一个死亡案例进行了调查。在最新研究中，科学家详尽分析了毒水芹毒素的分子结构，从而确定了它对人体的影响机理——这种毒素具有很强的毒性，会导致面部肌

制造"死亡冷笑"的毒水芹

肉收缩，让死者脸上呈现出一种笑的表情。这与荷马对"死亡冷笑"的描述非常相似。

毒水芹是屈指可数的几种"怡人"有毒植物之一。它是致命水芹家族中的一员，而且堪称其中的致命之最。通常，有毒植物要么味道苦涩，要么在其他方面让人厌恶，而毒水芹气味芬芳，根部味道甜美，这也就难怪毒水芹为什么会这么害人。不过，毒水芹并非总是害人，它或许还具有美容功效。科学家研究发现，在经过改进后，毒水芹所具有的收缩肌肉的功能有可能转变成舒张肌肉，这样就可以去除皱纹，还可以治疗面瘫。科学家希望有朝一日将这种植物用于祛皱美容，而不是添加笑纹。

说到底，"死亡冷笑"只不过是下毒的较早期案例之一，而下毒有着一段漫长的历史。

考古证据表明，原始人在使用斧、棒及后来的剑等常规武器的同时，也在寻找更微妙、更具杀伤力的致死手段——下毒。考古学家在早期人类的狩猎武器和工具上发现了很多证据，比如储存毒药的沟槽，这显示早期人类已经发现了不同药力的毒物并将它们用于实践。专家推测，使用毒物是原始部族高级成员掌握的一个重要秘密，他们用毒物来巩固自己的权威地位，而一般部族成员是不知道毒物的存在的，这也可以用来说明为什么"药师"和"巫医"在早期人类社会中的地位不低。

一旦了解了毒物的用途和危险，就不可能坐以待毙了。公元前114—前63年，在黑海南岸有一个叫"本都"的古王国，王国的国王米特拉梯六世因为担心自己被毒杀而致力于寻找解药。以国王的权力，他可以为所欲为地在死囚们的身上试验各种毒药。他对毒药是如此害怕，以至于每天都定量服毒，以期使自己对尽可能多的毒药产生免疫力。他最终找到了一个解药配方，其中包含数十种当时最有名的草药。他一直秘藏着这个配方，直到庞贝入侵本都并将其纳入罗马版图。米特拉梯六世的解药配方和他对药用植物的描述最终都落入了罗马人之手。

古罗马史学家小普林尼曾描述过7000多种毒药，他对其中的一种是这样描述的："本都一个地区的鸭子的血，这

米特拉梯六世胸像

种鸭子吃有毒食物长大，其血后来被米特拉梯解药配方采用，因为这种鸭子虽然被喂食有毒植物却并未受害。"生活于公元前6世纪、有"外科之父"之称的印度外科医生苏希鲁塔则描述了慢性中毒的各阶段，慢性中毒的解药，以及如何运用传统物质来抵消毒物的效果。

由此可见，下毒与人类的发展历史相生相伴。

有毒植物

有毒植物有很多种，用于制造"死亡冷笑"的毒水芹只是其中的一种。下面介绍部分有毒植物。

食物中的毒植物

事实上，很多作为食物的植物要么本身的一部分有毒，未经加工不能去除毒性，要么在其生命过程中的某些阶段是有毒的。下面是一些最有名的有毒食用植物。

苹果　种子中含有氰苷。对于大多数种类的苹果来说，一只苹果所含的氰苷并不足以毒死人，但如果一次服食足量的苹果种子（不知道有没有人会这么做），那就死定了。

木薯　请记住，未经加工的木薯是有毒的，而且毒性还相当大。

樱桃、桃子、李子、杏子的叶子和种子中都含有氰苷。

巧克力　其中的可可碱水平对狗和猫来说毒性够强，所以不要把你爱吃的巧克力喂给狗和猫吃。

印度豇豆　这种生长于亚洲和非洲东部的豆类常被视作一种抵御饥荒的"保险作物"，但实际上它含有山黧豆神经毒素，长期食用可能导致瘫痪。

菜豆（也叫刀豆、云扁豆）　含有植物凝血素，能引起胃痛。经过烹调后，毒性可以去除。

棉豆（也叫利马豆）　生棉豆中含有危险剂量的亚麻苦苷（氰苷中的一种）。

洋葱和大蒜　含有硫代硫酸盐，对狗、猫和一些牲畜来说是有毒的。

土豆　叶子和绿色块茎都有毒，其中含有一种糖植物碱——茄碱，能造成严重的消化

迎春花蜜可千万吃不得

和神经症状。

大黄 毒性在于其叶片而非叶柄。大黄叶片中含有草酸盐，会导致肾功能紊乱、痉挛和昏迷，但很少会致命。

番茄（西红柿） 叶子和藤蔓中都含有植物毒素，会引起消化道不适和神经异常兴奋。

利马豆中含有亚麻苦苷毒素

其他部分有毒植物

乌头 毒素集中于未成熟的种子承窝（豆荚）及根部，但所有部分其实都有毒，会导致消化道不适和神经兴奋。尤其要注意的是，乌头各部分的汁水常常都是致命的。

番红花（也叫藏红花、秋水仙） 球茎有毒，能导致反胃、呕吐、腹泻，有可能致命。

杜鹃花 所有部分都有毒，会引起恶心、呕吐、抑郁、呼吸困难和昏迷，但很少会致命。

小颠茄 所有部分都有毒，其含有的茄碱会引发倦怠、瘫痪、痉挛和腹泻，不过很少会致命。

荷包牡丹 叶子和根部有毒，会导致痉挛及其他神经症状。

洋槐 豆荚有毒。

龙葵 未成熟龙葵的所有部分都有毒，毒素是茄碱。成熟的龙葵无毒。

水仙花有毒

蓝绿藻（蓝藻） 其中有些种类（如微囊藻）会产生毒素MC。大约50%的蓝绿藻中含有大量的微囊藻毒素（MC）。MC除了直接对鱼类、人畜产生毒害之外，也是肝癌的重要诱因。MC耐热，不易被沸水分解，但可被活性炭吸收，所以可以用活性炭净水器对被污染水源进行净化。

曼陀罗 所有部分都含有萜类生物碱——东莨菪碱和阿托品（颠茄碱），会引起极度口渴、精神错乱、视觉扭曲、语无伦次和昏迷。美洲土著及其他一些人群一直把曼陀罗作为一种迷幻剂。一定要记住：曼陀罗常常是致命的！

乌头花漂亮却毒性很强

蓖麻 含有一种毒性极强的水溶性蛋白质——蓖麻毒素，集中于蓖麻籽。另外还含有蓖麻碱和一种刺激性油脂。这些东西会引起口腔和喉部烧灼感，导致痉挛，并且常会致命。

水仙花 球茎有毒，会引起反胃、呕吐及腹泻，有可能致命。花柄会导致头痛、呕吐和视物模糊。

颠茄 颠茄的所有部分都含有颠茄碱（阿托

曼陀罗的果实。曼陀罗是致命的有毒植物

品），未成熟的颠茄及其种子的毒性尤其大，会导致恶心、抽筋和瘫痪，常会致命。

毒胡萝卜　所有部分都含有相对少量的毒芹碱，这种碱会导致胃痛、呕吐和中枢神经系统的渐进性瘫痪，有时会致命。大哲学家苏格拉底就是被这种毒素害死的。

天仙子　种子和叶子都有毒。

常春藤　叶子和浆果有毒，会导致胃痛、呼吸困难，还可能引发昏迷。

风信子　球茎有毒，会引发反胃、呕吐、气喘、痉挛，甚至导致死亡。

相思豆（也叫红豆）　种子的毒性很强。

百合花　大多数种类的百合花都有毒，对猫来说毒性尤其大。

橡树　大多数种类橡树的叶子和橡果都有轻微毒性，会引起消化道疼痛、心脏问题和接触性皮炎，但很少致命。

夹竹桃　所有部分都有毒，浑身包含多种毒素，叶子和树干毒性尤其强，会导致严重的消化道症状、心脏问题以及接触性皮炎。当心：这种树的毒性很大！

木荨麻　哪怕你只轻轻地挨它一下，也会导致持续好几天的刺痛。

毒汁马钱木　这种树的种子中含有大约1.5%的马钱子碱，这是一种很苦也很致命的生物碱，能让人出现严重的肌肉痉挛，通常在3小时内就能把人杀死。其树皮中可能含有另一种危险的化合物——二甲马钱子碱。

毒水芹　其根部刚从土中拔出时尤其有毒，毒素是毒芹素。变干后毒素降低到生鲜时的3%～5%。

迎春花　所有部分都有毒，会导致恶心、呕吐，常会致命。哪怕服食少量的迎春花蜜，你也可能发病。

水芋　毒性极强，吞食可能要命。

——人类利用下毒进行谋杀已有漫长的历史。

下毒史话

考古研究证明，下毒有着一段漫长而有趣的历史。

古印度

在古印度，有毒武器已被广泛使用。在古印度的一些战争策略中就提到了毒药，例如"井水将被混入毒药而污染"。古印度孔雀王朝首任国王犍陀罗笈多（公元前340—前293年）的顾问和总理昌纳克亚（公元前350—前283年）曾向国王建议：可采用引诱、秘密使用武器和下毒等手段来夺取权力。他还提出了防范暗杀的具体措施，其中包括用专人尝试食物和用专门手段探查毒药。当时，违反王室命令的死犯也常常被用毒药处死。

古埃及

和许多文明不同，关于古埃及人了解和使用毒药的记录最早只能追溯到公元300年前后。但考古学家指出，根据对早期证据的研究，已知最早的埃及法老（国王）美尼斯其实研究过有毒植物和蛇毒的特性。此后，埃及托勒密王

致命常春藤（写意画）

朝的炼金师阿加索狄亚蒙（大约公元前100年）在其著作中提到了一种矿物质，并记述说这种矿物质在与泡碱混合后可以产生"烈毒"。他还说，这种毒药"入水即消失"，溶液清澈。据猜测，其所指的矿物质要么是雄黄，要么是雌黄，而"烈毒物"则是三氧化二砷。

据考古研究，古埃及人已经了解锑、铜、砷、铅、鸦片和曼德拉草等毒物。考古学家相信古埃及人早就掌握了分馏技术，而且还知道如何从桃仁中提取毒药。据说，埃及艳后克娄帕特拉在听到自己深爱的马克·安东尼战死后服毒自杀，死前她用自己的许多仆人当试验品来测试各种毒物，包括颠茄、天仙子和番木鳖树的种子等。

——在世界各古文明中，古人已经掌握了多种下毒手段。

古罗马

古罗马时期，在饭菜或其他食物中下毒的事件时有所闻，最早可追溯到公元前331年。下毒在古罗马各社会阶层中都有发生，这在古罗马史学家的著作中都有记载。例如，罗马皇帝尼禄喜欢毒杀亲属，他甚至专门雇用了下毒师，据说他喜欢用的毒药是氰化物。

尼禄的前任克劳迪亚据说就是被毒蘑菇和毒草交替毒杀的。他的尝毒师、医生和当时一名臭名昭著的下毒师都被怀疑是下毒者，而他的最后一任妻子亚格里皮娜嫌疑最大。有记载说，最后的晚餐刚吃了一口，克劳迪亚就开始长时间的痛苦不堪。还有记载说，他后来恢复了，但又被再次下毒——下毒者以帮助他呕吐为名，将沾有剧毒的羽毛插入

一家药师店内部场景

他的喉管。也有记载说，第二次下毒用的是毒粥或灌肠剂。亚格里皮娜之所以被认为是下毒者，是因为她一直野心勃勃地想把自己的儿子尼禄推上王位，而克劳迪亚对她早已产生了怀疑。

——在莎士比亚的作品中对下毒有大量的描写。

中世纪

到欧洲中世纪时期（公元500—1500年），毒物不再简单地被看作是魔法或巫术工具，人们对毒物的本质已经有了更多的了解，当时的欧洲已经出现了可开处方并售药的药师。一方面是毒药的医疗用途广为人知，另一方面是一些人非法买毒已是公开的秘密。由于过度靠近有毒物质，在药师店里工作的炼金师的健康面临严重威胁。与此同时，在世界其他地区，人们对毒物的了解也进一步深化。在阿拉伯国家，一些人找到了让砷在被投入饮料后无色、无嗅也无味的办法。至少在1000年的时间里，这种方法使下毒谋杀成为一种神不知鬼不觉的"好方法"。

在这一时期，莎士比亚等人的文学作品中都有关于下毒的大量描写，甚至还出现了专门探讨毒物的学术文章，其中不少为僧人所写，因为这些僧人学识渊博，广受尊敬。1424年，一位欧洲中世纪著名教师写出了《毒药手册》，其中描述了当时已知毒药的用法、效果及解毒方法。不过，这类著作只限于在学术圈内流传，公众是看不到的。

正是利用公众缺乏解毒知识，害怕被人下毒的心理，一些狡猾的书商有意夸大中毒风险，诱使人们购书寻找子虚乌有的"安全策略"，而珠宝商和药师则大肆售卖"可以弱化毒力"的护身符和解毒药。他们都大赚特赚。

欧洲人描绘的波斯医生拉茨

古代亚洲

人们对于毒药和解毒方法的了解在不断地加深。在波斯医生兼哲学家拉茨的著作中，可以发现一长串有毒化合物、矿物质和装置的名单。拉茨率先将蒸馏酒精用作消毒剂，还提出汞可以作为通便剂使用。他还发现了与氯化汞有关的升汞，并用于治疗"挠痒"（实际上是现在的疥疮），这被证明是一种有效疗法，因为汞的毒性可渗透皮肤。

在印度动荡的14—15世纪，拉贾斯坦人遭到拉其普特人的入侵。当自己的儿子、丈夫或兄弟战死后，拉其普特妇女便服毒自尽，以避免自己落入敌人之手，沦为奴隶，遭遇强暴或屠杀。

文艺复兴时期

到欧洲文艺复兴时期（14—16世纪），非法下毒达到了顶峰，而这多少要归咎于当时人们对毒药的一些新发现。例如，在14—15世纪，意大利炼金师发现，如果将多种毒物合并使用，其效果会更加厉害。与此同时，毒药的新特性也逐渐被发现，有关毒物的科学（现在所称的"毒物学"）也在那时开始启蒙。当时下毒案件频发，人们甚至不敢轻易接受晚宴邀请，唯恐被晚宴主人或其他客人下毒。

亚历山大六世是合法性最受质疑的教皇之一，他利用自己的权势将五个儿子全部推上了高位。他的儿子恺撒·波吉耳也被认为冷酷无情，这不仅是因为他有一个恶名昭著的父亲，更是因为他惯于下毒谋杀，尤其是使用砷和磷。在亚历山大六世死后，出现了许多有关他被毒杀的传言，其中最可信的一种说法是，他是被毒酒鸩杀的，而那毒酒原本是为餐桌上的另一个人——枢机主教德·康内托准备的。还有一种说法是，那不是毒酒，而是一盒毒点心。

不管死因如何，史料显示亚历山大六世肯定是被毒死的，因为他的遗体在被展出时已经极度腐烂，以至于只敢在夜间以蜡烛照明展出。没有人同情亚历山大六世之死，恺撒·波吉耳之死显然也无人同情，不过他的姐姐倒是很伤心，因为她本人也被认为是一个蛇蝎心肠的人。

15世纪，欧洲出现了一个由炼金师和下毒师组成的、被称为"十人委员会"的组织，这个邪恶组织专门收钱替人毒杀他人。到16世纪，下毒已成为一门"艺术"，甚至在意大利的威尼斯和罗马等城市出现了专门教授下毒"艺术"的学校。

大约在1590年，一本下毒专著出版了，其中列举了不少下毒方法，例如"最有效的方法是在酒中下毒"（事实上这正是当时最流行的一种下毒手段），而"效果最猛"的毒药是把乌头、紫杉浆果、砷、苦杏仁和碎玻璃用蜂蜜调和成栗子大小的药丸。

——在15世纪，下毒甚至成为一门"艺术"。

16—18世纪

到16世纪末，下毒"艺术"的中心从意大利转移到法国。据估计，到16世纪70年代，仅在巴黎就有大约30 000名不法下毒师。由于下毒猖獗，人人自危，就连贵族也只参加最信任者举行的宴会，只雇佣自己亲手挑选的仆从。甚至当时的法国国王亨利四世和王后安妮也十分惧怕被下毒——当安妮因十二指肠溃疡而出现腹膜炎时，她立即认定自己是被人下毒了；在亨利四世造访罗浮宫时，他只吃自己煎的蛋，喝自己倒的水。到1662年，路易十四下令：限制药店出售的毒药种类，毒药只能卖给店主信任的人。当然这并未能阻止毒药和下毒的泛滥。

当时的一些炼金师开始从毒药等材料中提炼三件"最大的宝物"：能将一般金属变成金子的"哲学石"，能无限延长人的寿命的"不老药"，以及能溶解一切东西的"万能溶剂"。当然，这些东西永远都不可能研究出来，而沉迷于研制这些不可能的东西实际上滞后了真正的科学的发展。

在西班牙，当时有

寻找哲学石的炼金师（绘画）

人被雇佣多次下毒谋杀英格兰女王，其中有一个叫洛佩兹的医生因此被处以绞刑。据说，莎士比亚的《威尼斯商人》中的一个角色的原型就是这个洛佩兹。这次事件后，英国女王的食物都要由他人先尝，她的安保也全面加强，女王甚至每周都要服用解毒药以防万一。

——在今天，虽然下毒现象已经大大减少，但新的毒药仍在不断出现。

20世纪

到英女王维多利亚时代（1819—1901年），下毒在欧洲已成为最简单和最容易的谋杀手段。在这一时期发生了不少重大变革，例如人寿保险产业的兴起，使得下毒杀人骗保的案例层出不穷。不过，进入20世纪后，反投毒技术越来越高明，越来越有效，这使得下毒犯罪比此前任何时期都困难得多了。

20世纪早期，下毒犯罪常用的毒物仍然是砷。到20世纪中期，氰化物下毒成为主流。第二次世界大战期间，被俘的抵抗组织间谍常服用氰化物自杀，以免遭敌人折磨。纳粹头目之一戈林在纽伦堡审判后，在被处以绞刑的前一天用氰化物自杀身亡，而纳粹魔头希特勒和老婆爱娃也是在柏林沦陷之前不久一起服用氰化物药丸自尽的。

今天

到20世纪晚期，越来越多用于日常生活的产品被证明含毒。如今，中毒风险更多在于偶然因素，也就是毒物是在偶然间被引入的。这类问题更频繁地出现在儿童中间，中毒位居儿童最常见死因的第四位。在5岁以下的幼儿中，不慎吞下毒物的现象最为常见。

由于侦测技术更加先进、其他杀人手段不断增加等，现在下毒现象已大大减少，但新的毒药仍在不断出现，这向毒物学提出了新的挑战。

在今天，毒物的用途比过去宽泛了许多，例如用于除虫和除草。现在每年使用的除虫除草剂总量约为250万吨。其他一些毒物则被用于保存食物和建筑材料。

在今天的非洲、南美洲和亚洲的一些地区，有人仍在使用毒物狩猎。在非洲，一些箭毒是用长药花做成的，这种植物含有乌木苷（一种强心苷）、夹竹桃素和乳草素等毒素。在印度阿萨姆邦、缅甸和马来西亚的丛林地区，当地人仍在使用毒箭，毒素主要来自于见血封喉、马钱子属、毒毛旋花子和箭毒木等植物。在印度尼西亚爪哇岛及其附近的多个岛上，取自植物的毒浆液被涂在箭头上，能导致被攻击目标迅速瘫痪、痉挛、心跳停止。

除了植物毒素之外，还有各种动物毒素。例如，在非洲喀拉哈里沙漠北部，一种甲虫的幼虫被用于制作狩猎用的慢性毒药。当地人把这种虫子抵在箭头上，挤出其体内物并直接涂到箭头上。

（汪琳）